刘胡兰

中华先烈人物故事汇

主编 张树军
副主编 王相坤
编著 王相坤 李克实

学习出版社

目　录

Contents

引 子

刘胡兰，1932 年 10 月 8 日生，山西省文水县人，1947 年 1 月 12 日在敌人的铡刀下英勇就义。

刘胡兰是中国共产党的优秀党员。毛泽东两次为她题词：“生的伟大，死的光荣。”刘胡兰也是中国共产党历史上党的三代领导人先后为其题词的共产党员，2009 年入选“100 位为新中国成立作出突出贡献的英雄模范人物”。

刘胡兰诞生于无数中华儿女为实现民族解放而浴血奋战的伟大历史时代。8 岁在村里上过几个月小学，10 岁参加抗日儿童团，后担任儿童团团长，经常为抗日武装发传单，送情报，侦察敌情，站岗放哨，掩护抗日干部。11 岁后，协助八路军武工队铲除汉奸，机智勇敢地与日寇斗智斗勇，参加西社夺粮战斗等。1945 年 10 月，进入文水县妇女干部训练班学习，训练班结束后，担任村妇救会主任，组织妇女办冬学，帮助烈军属解决困难，发动群众送公粮、做军鞋、慰问部队，动员青年报名参军。1946 年 5 月任区“抗联”妇女干事，参加并领导了当地的土改运动。1946 年 6 月加入中国共产党，成为中国共产党候补党员。1946 年 10 月，面对国民党军的大举进攻，刘胡兰主动要求留在敌占区，和同志们一起领导敌占区的对敌斗争，鼓励群众坚定革命斗志，掩护和安置我军伤病员，安排同志们向解放区转移。1946 年 12 月，配合武工队处死了反动村长石佩怀。1947 年 1 月 12 日，刘胡兰为掩护党组织和革命群众英勇牺牲。1947 年 8 月 1 日，中共晋绥分局追认刘胡兰为中国共产党正式党员。

用生命捍卫铿锵誓言，用热血点燃革命理想。70 多年来，刘胡兰的精神一直激励着无数革命志士和共产党人牢记使命，不忘初心，顽强奋斗。刘胡兰的名字永远在祖国的千山万水间飞翔，刘胡兰的战歌永远在亿万中华儿女的心灵里回响。

01 自古英雄出少年

刘胡兰，1932 年 10 月 8 日出生于山西省吕梁市文水县云周西村（现刘胡兰村），1946 年 6 月加入中国共产党，1947 年 1 月 12 日在敌人的铡刀下英勇牺牲。英雄的生命历程只有短短的 15 个年头，却如一首诗中所言：遗范垂后世，风采映苍穹。而毛泽东“生的伟大，死的光荣”的题词，更使刘胡兰名播天壤，万众敬仰，世代传颂。

在中国革命的历史上，刘胡兰不是最年轻的共和国烈士——共和国最年轻的烈士，是 1949 年被国民党反动派秘密杀害在狱中、时年仅仅 8 岁的宋振中，人称“小萝卜头”；也不是最年轻的女烈士——共和国有案可查的最年轻的女烈士，是“八女投江”中的王慧敏，牺牲时只有 13 岁；还不是中国共产党入党时年龄最小的党员——中国共产党入党时年龄最小的党员只有10岁！

但是，刘胡兰是中国人民解放战争中牺牲的最年轻的女共产党员，也是牺牲时极为惨烈悲壮的共产党员，是被残忍的敌人用铡刀硬生生铡下了鲜活的头颅！而一声惊天地泣鬼神的“我咋个死法”的怒喝，更使无数人闻之动容，潸然泪下！

15岁，本该是鲜花盛开、无忧无虑的年纪，刘胡兰却在血与火的峥嵘岁月中，成为一名叱咤天地、感古动今的伟大英雄。有人惊奇，有人不解。但如果回到那个风雨如晦、刀光剑影、风烟滚滚的特殊历史时代，一切都变得自然而且必然。

——地理坐标指向重峦叠嶂的吕梁山脉。

是隆居中，天地之脊，吕梁自古多英豪。

吕梁地区江山多娇，名人辈出，英雄遍地。就拿刘胡兰的家乡文水县来说，方圆不过数十公里，走出了中国数千年历史中唯一算得上正统的女皇帝武则天，走出了个民间传说中与“文曲星”包拯并列、被誉为“武曲星”下凡的狄青大将军。1936年2月，毛泽东率领红军东征来到吕梁，面对九曲黄河、巍巍峰峦，激情澎湃，诗兴大发，写下了豪气如虹、盖古压今的磅礴大作《沁园春·雪》，吟诵出“江山如此多娇”的由衷赞叹，抒发了“数风流人物，还看今朝”的时代宣言。

在革命战争年代，3 万多名吕梁英雄浴血奋战，血染沙场。抗日战争一开始，吕梁人民即在中国共产党的领导下，团结起来，奋起抗争，与日寇进行不屈不挠、气壮山河的斗争，涌现出一大批抗日英雄。当代著名作家马烽、西戎合著的《吕梁英雄传》，是我国第一部反映中国共产党领导的全民族抵御日本侵略者并在抗战时期就发表的长篇小说，颂扬了吕梁人民困难面前不弯腰、强敌面前不低头的民族精神，成为吕梁革命史的真实写照。

——历史指针指向伟大的民族解放战争。

强虏侵凌，狼烟四起，是好儿女自挺立。

回顾刘胡兰的成长史，要从中国人民的抗日战争说起，说起吕梁的抗战历史，必须从 1936 年开始。1936 年 2 月，为了掀起全民族的抗日风暴，刚到陕北的毛泽东，根据中共中央“东进抗日”的主张，高举抗日救国大旗，率领红军东征，奏响了中国人民全面抗战的嘹亮序曲。红军东征历时 75 天，转战山西 50 余县，消灭了国民党阎锡山军的 7 个团，扩充红军 8000 余人，广播革命火种，喊出了中国人民不当亡国奴的心声，在全国造成广泛的影响。

1 年后，1937 年 7 月 7 日，北京卢沟桥打响了中华民族全面抗战的第一枪。11 月，山西太原失陷，原来骑在老百姓头上作威作福的山西土皇帝阎锡山，灰溜溜地跑到了山西西南边的吉县一带。1938 年 2 月，日本鬼子的飞机向文水县城扔下一串串炸弹，文水城内尘烟滚滚，瓦砾一片。很快，文水县城也被日寇占领。

国民党军跑了，日本鬼子来了，八路军冒着日本鬼子的炮火进来了！由于有红军东征的基础，坚决打日寇、救中国，八路军登高一呼，民众群起响应。吕梁一带的抗战气势如火如荼，很快形成燎原之势，抗日根据地遍布平原乡村、高山密林。八路军英勇顽强，神出鬼没，对日寇进行坚决打击；吕梁民兵临难不避，奋勇杀敌，涌现出一大批抗日英雄，有的是爆炸大王，有的是神枪能手，有的是破击英雄，有的是锄奸模范……各有各的长处，各有各的本领，花开万朵，朵朵鲜红。

在无数抗敌英雄中，同样有众多稚气未脱的少年儿童。在民族危亡之际，他们和自己的父辈一起，用稚嫩的肩膀，扛起了民族救亡图存的重担。埃德加·斯诺《红星照耀中国》中那位表情神态酷似电影《闪闪的红星》中潘冬子的“山西娃娃”王东平，为了打鬼子参加红军，当时只有12岁。新中国著名的电影演员田华，同样在12岁时参加了八路军。刘胡兰的入党介绍人吕雪梅，也是12岁参加革命，15岁加入中国共产党。八路军中最小的战士王生明参军时只有11岁。太行山区的抗日儿童团团长李爱民，11岁为革命立下大功，12岁时为掩护乡亲被日本鬼子残忍杀害……家国天下、家国情怀、家国人生，凝聚成那个时代中华热血儿女的闪光聚焦和精神永恒！

刘胡兰的家乡云周西村，处在吕梁地区的文水平川上，当然也建起了共产党的抗日根据地。村民们和八路军同心连命，一心一意配合八路军打鬼子、除汉奸，保卫家乡，抵御外侮，形成了蓬蓬勃勃、轰轰烈烈的抗战热潮。

年幼的刘胡兰，就是在这样的环境中，时时感受着火一样的抗战激情，从耳闻目睹到有所感悟，一天天成长起来。八路军英勇顽强、不怕牺牲的英雄事迹，激励和影响着年幼的刘胡兰，而刘胡兰印象最深的、对刘胡兰成长影响最大的，是文水县抗日民主政府的顾县长。

顾县长，原名顾永田，生于 1916 年，1937 年加入中国共产党。日本鬼子占领文水县城后，任山西抗日武装 22 团的团长，在吕梁山区进行战斗。1938 年 4 月，文水县抗日民主政府成立，顾永田兼任县长。他遵照党的指示，发动群众，组织民兵，帮助群众发展生产，为老百姓排忧解难，积极开展晋中平川游击战，被群众称为“万里挑一的好县长”。1940 年 1 月，顾永田调晋绥边区第八行政专员公署任专员。同年 2 月 21 日，为了让群众过好年，顾永田亲率一支队伍到交城县伏击前来“扫荡”的日伪军，数次冲入敌阵拼杀，毙敌 30 余人，不幸中弹牺牲，时年 24 岁，是抗战期间晋绥根据地牺牲的职务最高的党政干部。

顾永田是江苏人，抗战一开始，即远离家乡

和亲人，只身来到山西参加抗战。他没有结婚，没有子女，曾经长时间与家人不通音讯。顾永田牺牲后，家乡亲人一直不知道顾永田的情况。直到20世纪70年代，顾永田的侄子几经周折，才在顾永田的老战友、时任国家计委副主任彭敏和时任石油化工部部长康世恩等人的证明下，来到石家庄华北军区烈士陵园，祭拜了牺牲30多年的叔叔顾永田。烈士的亲属才获得了烈属的称号。

顾永田的牺牲，给了刘胡兰很大的刺激。她不知道顾县长是共产党，但顾县长在云周西村住过，她见过顾县长，挤在大人堆里听过顾县长的抗日宣传，她知道顾县长打鬼子，顾县长是好人，顾县长的官很大，顾县长一心为老百姓好。她见到村里不少人站在朔风呼啸的街头，为顾县长的牺牲失声痛哭。8岁的刘胡兰，也跟着乡亲们为抗日英雄流下了滚烫的热泪。

这时的刘胡兰，心中已经种下了正义和道德的种子。有了这颗崇高的种子，早晚都会生根发芽，开花结果。

有志不在年高，无志空活百岁。什么是光荣，什么是人生，顾县长就是标杆，就是路灯。面对中华民族最危险的时候，刘胡兰朦朦胧胧有了是非标准认知，有了做人的方向。虽然稚嫩，却坚定纯洁；虽然弱小，却有着蓬勃的生命力。

伟大而光荣的种子，在刘胡兰心中生成、孕育，在吕梁大地上发芽、生根，沐风沐雨沐春光，迎风迎雨向太阳，潜滋暗长，发荣滋长，直到长成参天大树，直到林海万木争荣，郁郁葱葱，莽莽苍苍！

02 从来英才多磨难

特殊的地理环境和时代背景，为英雄的成长提供了肥田沃土、阳光雨露。而特殊的家庭条件，又使英雄的成长平添了许多乖舛。经风历雨，备尝艰辛，刘胡兰很早就要承担起与小小年纪不相称的生活重担。里里外外一把手，穷人的孩子早当家。

刘胡兰出生于 1932 年的 10 月 8 日，农历九月初九。依照农历，为壬申年重阳节，“九”在民间有长久长寿的含义，重阳表示“两阳相重，九九归真”，因此古人把重阳节视为吉祥的日子。刘胡兰的原名也不叫刘胡兰，叫刘富兰。名字是爹妈起的，寄托着爹妈的心意，希望自己的女儿既长命富贵又漂亮美丽。

好日子、好八字、好名字，挡不住民不聊生、兵荒马乱的苦日子。就像豫剧《刘胡兰》中奶奶唱的那样，“好孩子你生长在穷人家”。刘胡兰打小就是个苦根子、苦苗子，的的确确是个苦孩子。

云周西村，是文水平川上一个普通的村庄，但又显得有点不太普通。站在这里，东可眺太岳山脉，西能望吕梁群峰，从村口往东走8里地，是文水通往祁县的汾河渡口。绕过太原城一直向西南流过来的汾河，浇灌着文水平川肥沃的土地，也浇灌着云周西村的肥田沃地，以至于和文水毗邻的交城县有了首多少有点无奈和抱怨的民歌：“交城的山啊交城的水，不浇那个交城浇了文水。”左手一指太行山，右手一指是吕梁，云周西村盛产小麦和棉花，真是个土肥水美金不换的好地方。

可是，地方再好也抵不过世道凶恶。那个时候的文水县，是整个旧中国的一个缩影，鹰犬当道，哀鸿遍野。尤其是割据一方的山西土皇帝阎锡山，用枪杆子把山西统治得“光头打伞，无法无天”，老百姓的日子就像是被搁在盖了盖子的铁桶里，暗无天日，不能动弹。汾河水裹仇带恨千年淌，汾水河浑身疮疤处处伤，流过云周西村的汾河水，一大半都被村东几户地主富农霸占着，村里每年收下来的粮食棉花，大都被吞进了村东几家的深宅大院。村西的穷苦农民，或者只能靠扛长工打短工苦熬岁月，或者只能靠刮土熬硝、逃荒要饭度日。一瓢汾水一瓢油，不肥穷人肥财主。

刘胡兰家住在云周西村的村西。在村西，刘胡兰家还不是最穷的，依照经济条件，属于中农人家，也就是一年四季都要辛勤劳作，勉强能够顾得住生活的人家。家里有十几亩盐碱薄地，养着一头老牛。爷爷刘来成是个和和气气的老好人，成年累月在薄地上出力流汗。身高 5 尺有余的奶奶利索能干，勤俭持家是一把好手。父亲刘景谦身高一米八，标准的北方大汉，浓眉大眼，气度不凡，身高随妈又随爹，性格却随爹不随妈，憨厚老实，平素话都不想多说，就知道放下镰刀提粪筐，一年四季不识闲。刘胡兰的伯父刘广谦在交城县城当杂货店的勤杂工，担水磨面，搬运货物，每年多少能捎回来几个现钱，足够全家称盐打醋。

20 世纪早期，正逢中国军阀混战、地方割据、天下大乱的年代。阎锡山是民国四大军阀之一，把山西当成自己的家产。为了割据封侯，曾支持窃国大盗袁世凯做皇帝；为了独霸山西，连一点做人的规矩都没有，反复无常，出尔反尔，扣押冯玉祥，对打蒋介石，和谁都要动刀动枪。而枪炮一响，黄金万两，战争的巨大花销都压在了老百姓的身上，捐税名目多得数也数不清，村公所隔三岔五给老百姓送条子，一年的捐款条子能贴半个屋子。刘胡兰家的地薄，产量低，打下的粮食本来勉强够糊口，被苛捐杂税一闹，日子就过得格外艰难。好在当家理事的是刘胡兰的奶奶，治家有方，管理很严，晚上一般不让点灯，做饭数着米粒下锅，吃饭必须要舔碗底。一家人省吃俭用，精打细算，粗茶淡饭，财当然发不了，锅灶也没有倒。

刘胡兰出生的那一年，是个风调雨顺的年景，云周西村的庄稼收成特别好。既是丰收季节，又是天高云淡时刻，秋风吹过，黄花飘香，刘胡兰是刘家的长孙女，一切都是好兆头。刘胡兰应该有个快乐幸福的童年，有个平平安安的人生。

其实不然，伟大的背后是苦难，光荣的里面有辛酸。

首先，刘胡兰的奶奶老是不高兴。老人家属

于传统的贤妻良母，虽然从外村嫁到了云周西村，却比刘胡兰的爷爷更在意老刘家的传宗接代问题。刘胡兰的大伯父娶亲8年了，妻子还没有生育的迹象。因此刘胡兰的母亲怀孕时，奶奶整天求神拜佛，烧香许愿，要神仙多多保佑，给自己添个孙子。结果却生了个女孩，赔了香火钱，又多了张嘴吃饭，老人家很失望。这也不能怨奶奶，那时候，在农村家里没个男孩是万万不能的，不仅要传宗接代，还要耕种劳作，所以家家都盼着能生个儿子让家里兴旺起来。好在刘胡兰是刘家隔代的第一个孩子，奶奶就是再不高兴，嘴上也不好多抱怨，有了总比没有强。或许是自己香火烧得不够旺呢？

刘胡兰的奶奶继续烧香拜佛，求观音菩萨保佑，求送子娘娘慈悲。3年后，刘胡兰的母亲又生了，不过这次还是个女孩。父母依然舐犊情深，给小女儿起了一个很好听的名字，叫刘爱兰。不过奶奶这次真的是爱不起来了，人前人后都唠叨："生了俩'赔钱货'，犯了九女星啦！"

刘胡兰的母亲王变卿，是文水县王家堡人，17岁嫁到云周西村，4年中生下两个闺女，这一年才 21 岁。王变卿的姐姐叫王改卿，姐妹俩同样寄托着刘胡兰姥姥、姥爷的热切期盼——改变女卿为男卿。自小有着同样的感受，又辛辛苦苦生下两个女儿，加上日子艰难，缺乏营养，日积月累，身上添了好多病，腰酸腿痛，咳嗽气喘，天越冷越难受。对奶奶的唠叨心里很不是滋味，明着又不能顶撞婆婆，只能看着两个孩子悄悄叹气。有时候实在气不过，也会低声说几句婆婆听不见的气话："女孩子怎啦？不是人？"

这时的刘胡兰，虽然才四五岁，但很聪明，经常听到奶奶发牢骚，一来二去，知道是嫌弃自己和妹妹是女孩子。于是瞪着眼睛问妈妈："女孩子怎么就不好？"

妈妈回答不上来，只是深深叹了口气。

刘胡兰小小的心灵突然涌起一股豪气："妈妈，我长大了一定当个男孩子。"

特殊的历史时代，养成了刘胡兰刚毅果断、吃苦耐劳的豪放性格。诚如中国近代女革命家秋瑾所言："身不得，男儿列。心却比，男儿烈。休言女子非英物，夜夜龙泉壁上鸣！"

其次，家庭磨难激励着小小的刘胡兰。就在妹妹刚出生的1935年年末，山西的地面上传来红军即将东征抗日的消息。把山西看成自家私产的土皇帝阎锡山，不顾民族危亡，一心阻挡红军东征。他别出心裁地在山西乡村建立“防共保卫团”“好人团”之类的反共组织，强迫村民天天集合起来去听污蔑共产党、污蔑红军的训话，唱些不着调的反共歌曲，喊些乱七八糟的反动口号，年满18岁和不出35岁的男人，还必须天天接受军事操练，谁不去以“通共”论处。整个山西境内风声鹤唳，草木皆兵，搞得老百姓鸡犬不宁，难以安生。

刘胡兰的爷爷年纪大了，天天要去听“好人团”训话。可父亲刘景谦这一年刚好34岁，依照土皇帝的命令，只能天天拿根木棍操练。就在这个乱糟糟、一团麻的时候，王变卿的病情一天比一天重，人瘦得皮包骨头，最后连床都起不来。奶奶要照看妹妹爱兰，大娘要烧茶煮饭料理家务，家里地里的活都得有人干。因此照顾妈妈的责任，就落在4岁的刘胡兰身上，每天扫地、添火，给妈妈倒痰罐、打洗脸水、端水端饭、捶背按腿，都由刘胡兰来干。

日子一天天过下来了，刘胡兰也在一天天长大。妈妈看到女儿这么孝顺，每天干那么多事，心里既高兴又难过。每到这个时候，懂事的刘胡兰总要反过来劝解妈妈。可妈妈得的是痨病，也就是肺结核，在当时对一般庄户人家来说，得了肺结核就预示着大限临头。没过多久，瘦得皮包骨头的妈妈再也熬不下去了，状况一天比一天糟。终于，一个寒冷的冬晨，王变卿撇下一双挚爱的女儿，撒手人寰。

妈妈去世了，刘胡兰非常伤心，放开稚嫩的声音，凄声哭喊着不让妈妈离开。妹妹更是独自坐在炕角不住声地啼哭，哭得嗓子都哑了。刘胡兰看到后，连忙爬上炕，一面哭泣，一面哄着妹妹：

“不怕，有姐姐在！”

周围的叔叔伯伯、姑姑婶婶们，看到这个情景，无不感到揪心难受。许多人忍不住哭了。一些人边哭边低声说：“唉！苦命的孩子！”

从此，年幼的刘胡兰不仅要照顾好自己，还要承担照看妹妹的责任。虽说还有爷爷奶奶在，有父亲在，但大人一天到晚的活都忙不完。民间也有“长兄如父、长姐如母”的说法。年幼的刘胡兰，同样在替母亲履行照看妹妹的责任。特殊的生活条件，逼迫着刘胡兰过早形成了与一般孩童年纪不相称的成熟与老练。刘胡兰的伙伴和战友陈玉兰后来回忆，刘胡兰很小就给大人往地里送饭，在家里纺棉花、缝补衣服和鞋袜，就是和同龄伙伴一起玩耍，手里也带着线拐搓线，同时还带着妹妹刘爱兰，像大人一样把妹妹照顾得很周到。70 多年后，刘爱兰的女儿回到王家堡，刘胡兰姥姥家的乡亲还记着王变卿逝世后，刘胡兰姐妹俩到王家堡看望姥爷的事情：“你妈妈和你姨妈来村里看他们的姥爷，你母亲总是拉着你姨妈的衣角不放，眼巴巴地看着她姐姐，她总也不说话，你姨妈特别地疼她、照顾她。”

刘爱兰女儿的姨妈，就是刘胡兰，当时只有八九岁。

1938 年 2 月以后，日本鬼子侵占了文水县城。日寇杀人放火、无恶不作，四处抓人修炮楼、修工事。刘胡兰的父亲刘景谦也被抓到县城，成天

要干繁重的体力活，吃的却是猪狗食，动不动就被日军拿皮鞭、木棒抽打得趴在地下，爬起来还得继续干活。到了晚上，所有民工像坐监一样都被关了起来，根本不被当人看待。小小的刘胡兰听着爸爸的讲述，气得直握拳头。全家人气愤不平的议论，使刘胡兰幼小的心灵充满了对日本鬼子的无比仇恨。

苦难使人坚强，战火催人成长。艰难的岁月磨砺，养成了刘胡兰自强自立、不屈不挠的个性，而硝烟弥漫、风云开阖、疾风骤雨的时代，成就了一位顶天立地、名扬千古的伟大英雄。

03 红缨闪闪为抗战

卢沟桥一声枪响，拉开了中国人民全民族抗战的阔大帷幕。山西是日本鬼子觊觎许久的地方，是日本鬼子妄图征服全中国的一个重要门槛。中国共产党在抗日战争全面打响之前，即进行了具有历史意义的红军东征，为之后八路军奔赴抗日前线，打击日本鬼子，奠定了扎实的基础，形成抗日战争中山西抗战的独特局面。

全面抗战开始后，中国共产党与国民党进行了第二次合作。中国工农红军从民族大义出发，改编为国民革命军第八路军。虽然很快又改称国民革命军第十八集团军，但半个月内，八路军的名号已在全国广泛传播，妇孺皆知，且都有一个“八”字，因此在非正式场合，八路军的称号一直沿用到解放战争后期。

1937 年 9 月 11 日到 11 月 8 日，日军组织 4 个半师团共 14 万人，向山西发起疯狂进攻。中国军队由阎锡山任战区司令长官，参战兵力 28 万余人，阻止日军的侵略和进攻，史称太原会战。八路军的 3 个师，第 115 师、120 师、129 师，遵照毛泽东主席和朱德总司令的命令，全部开赴山西前线，参加对日作战。虽然八路军首战平型关大捷，创造了夜袭阳明堡机场等经典战例，不少国民党军将士舍生取义、拼死抵抗，无奈主帅无能将士苦，国民党内部尔虞我诈、钩心斗角，晋东防线千疮百孔、徒有虚名，最终会战失利。国民党和阎锡山的军队被迫退出太原城。日寇的铁蹄随即践踏了几乎整个山西，文水平川也被日军所占。

国民党跑了，共产党来了。中日太原会战，阎锡山看到自己耀武扬威的旧军队一战即溃、不堪一击，原来只知道鱼肉百姓的文官旧部多数闻风丧胆、弃职不见，自己也不得不离开经营了多年的山西，跑到陕西避难，走投无路，无路可走，只好依靠共产党领导的抗日武装，来帮助自己支撑和扭转山西的危局。这些由共产党领导的抗日武装，除八路军的3个主力师，都是在山西境内组建起来的，相比较于阎锡山的旧军队，被称为“新军”。到1939年夏，新军已发展到50个团，5万余人，加上阎锡山的旧政权已经跑得无影无踪，山西7个政区中，5个由新军掌握，105个县中，70个县长由新军派员担任，实际上是由共产党人担任。山西的老百姓也都知根知底，把新军与八路军合在一起，统称为“八路”。

遵照党中央和毛泽东的指示，八路军总部以山西为主要阵地，支撑起整个抗击日寇的华北抗战，在华北大地上独立开展游击战，创立抗日根据地，神出鬼没地打击日本鬼子。此时的山西，成为全国坚持抗战的模范区，到处是共产党领导的抗日根据地。看看山西的抗战形势图，红艳艳的犹如一片红海，几乎全被八路军占满了。

刘胡兰的家乡云周西村，就在这片红艳艳的红海当中。

早在红军东征时，云周西村的乡亲们就从耳闻目睹中，了解到什么是共产党，什么是红军。当时，红军经过文水县的32个村镇，所到之处，宣传抗日救国主张，救助贫困百姓，纪律严明，惩恶扬善。于是，红军的美名不胫而走，像清风吹过死寂的云周西村。人们很快认定，共产党才是人民的救星。连刘胡兰的奶奶都说，“官家人尽虚说”。

刘胡兰那个时候还弄不明白这些事情。但她想看看红军是什么样的人，要是红军能来云周西村该多好！

现在，红军来了——八路军就是两年前的红军。

1938 年 2 月，文水县沦为敌占区。3 月，共产党领导的山西工人武装自卫队来到文水县，宣传发动群众，开展游击战争，创建抗日根据地；4 月，文水县抗日民主政府成立，22 岁的共产党员顾永田任县长；8 月，建立了中共文水县委。从此，文水人民在共产党的领导下，投入轰轰烈烈的抵抗日本侵略者的伟大斗争当中。

云周西村地处汾河边，位于文祁公路中端，距文水县城 18 公里，离祁县县城 12 公里，隔河与祁县相望。在这里建立根据地，无论是敌人从文水来，还是从祁县来，都能及时向河东或河西转移——敌人从东边来向西边走，敌人从西边来向东边走，随机而变，左右逢源。因此云周西村一度成为文水县抗日政府的所在地，也成为抗日部队物资的重要存放地和交通站。我党政军干部不论是公开活动还是进行秘密斗争，都经常住在这里。一开始，县长顾永田等县委、县政府负责人，区委书记韩汝范，八分区敌工站站长刘芳等在这里开展工作；不久，山西工卫旅晋中办事处也设到这里，十几名工作人员还有 100 多名工卫旅战士都驻在云周西村。文水县成了晋西北抗战最牢固、最有实力的抗日根据地，云周西村则被称为“小延安”。

八路军来了，一切都改变了，刘胡兰处处感到新奇、新鲜。

一是抗日民主政府采取众多的民主改革措施。实行“有钱出钱，有粮出粮，有力出力”的合理负担政策，使广大农民解脱沉重的经济负担；发行“文水地方金融流通券”，兴修水利，发展生产；改善群众生活条件，禁烟禁毒；等等。这些，刘胡兰还感受不全，但她看见过去不让自己家里浇地、只让村东富户人家浇地的“水规牌”被砸烂了，以后天旱浇地，水流到哪儿就浇哪儿。

二是抗日民主政府不准富人再欺负穷人。原来村里的那些富人，总是仗势欺人，有了活让穷人干，有了捐让穷人出，自己吃好的喝好的，动不动还把穷人押到村公所捆绑吊打。过去刘胡兰看到村公所的大门就害怕，现在村公所出出进进的都是笑容满面的八路军。村公所成了刘胡兰和小伙伴最爱去的地方。云周西村的财主石廷璞，也不像过去那样，见人总板着一张黑脸。

三是刘胡兰能够上学了。1939 年春，抗日民主政府在各村开办学校教育。云周西村也办起了小学，好多像刘胡兰这样过去上不起学的农村娃子，都能上学念书了。刘胡兰特别高兴，奶奶也很高兴，边给刘胡兰缝制小书包，边发出感慨："庄户人家的女孩子进学堂，真是从来没见过的事！"

在抗日民主政府的宣传组织下，云周西村像一座热气腾腾的大熔炉，沸腾着抗日救国的滚滚热浪。1939 年 7 月，云周西村秘密建立了党小组，次年，成立村党支部，由后来担任文水县二区区长的陈德照任支部书记，石世芳等贫苦农民都成为秘密党员。云周西村的乡亲们踊跃投身到抗日救国的洪流中，给八路军送军粮，运物资，藏干部，送情报。文水县抗日民主政府以云周西村为中心，在全县宣传民众，发动群众，成立抗日团体，建立抗日游击队，动员青年参军参战。文水大地呈现出老百姓积极参加八路军、组织游击队、支援八路军的热潮，展现出生机勃勃的抗战景象。阎锡山当时也不得不承认，“文水县是抗日的模范县”。

这些，刘胡兰都看在眼里，记在心里，对共产党、八路军充满感激之情。她经常领着妹妹去看八路军训练，听八路军叔叔讲抗日故事。抗日救国的意念扎根在刘胡兰幼小纯洁的心田。

土窑里烧出来的是砖瓦，熔炉里炼出来的是钢铁。抗日救国的大熔炉，锻造着刘胡兰这块硬邦邦、响当当的钢铁。而刘胡兰打小养成的自强自立的个性，也在抗战洪流中得以充分展示。

此后，由于日本鬼子不断进犯，八路军暂时撤出了云周西村，刘胡兰在学校的学习被迫中断。刘胡兰在学校只学习了几个月时间，几个月中，她没有迟到过一次，每天背着石板、石笔，认真跟老师读书、写字，学唱抗日歌曲，听抗日故事，还按照安排到邻村进行抗日宣传。

随着八路军和日寇展开拉锯战，云周西村成了抗日斗争的最前线，一会儿是根据地，一会儿变成敌占区。为了保卫根据地，打击日本鬼子，云周西村秘密建立起各种抗日群众组织。1942 年，10 岁的刘胡兰参加了村里的儿童抗日组织——儿童团。不久，在小伙伴中很有组织力和号召力的刘胡兰，成为儿童团团长。他们年纪不大，却和大人们一起，积极为抗战作出自己的贡献。

20 世纪有首流传大江南北的儿歌：“刘胡兰，十三岁，参加革命游击队，大红花，红又红，姐姐是个女英雄。”但严格说来，刘胡兰参加革命时，只有 10 岁！再严格说，刘胡兰担任儿童团团长时只有 9 岁，10 岁是按农村的习惯说法。

抗战时期的儿童团，虽然成员都是没有成年的儿童，面对的却是杀人不眨眼的日本鬼子，同样是和敌人真刀真枪地较量，照样承担着保护老百姓、保护八路军的责任，随时面临流血牺牲的风险。云周西村是抗日民主政府所在地，敌我之间对峙相望，犬牙交错，时时处在枪林弹雨之中。刘胡兰他们按照村干部和八路军的安排，和小伙伴们站岗放哨，发传单，送情报，侦察敌情，掩护干部，每次都圆满地完成了任务。

当刘胡兰还是儿童团团员的时候，就多次协助村干部，使八路军的干部成功躲过日寇的搜捕。

1941 年 2 月的一天，日本鬼子突然包围了云周西村，文水县的十几位干部，包括县委书记赵克林等，都被堵在村里。村党支部书记陈德照紧急安排干部转移。刘胡兰按照陈德照的指派，从别处找到一个良民证，戴在赵克林的身上，使赵克林安然无恙地从鬼子刺刀下走出了云周西村。

鬼子和汉奸不甘心，隔了几天，又突然袭击了云周西村，指名要抓陈德照。刘胡兰发现鬼子进村后，立即气喘吁吁地找到陈德照，报告了鬼子进村的消息。由于事发突然，陈德照猝不及防，最后在刘胡兰的建议和乡亲们的掩护下，躲过了敌人的搜捕。几十年后，已经担任文水县人大常委会主任的陈德照回忆起这件事，依然心存感激："如果不是胡兰子报信，那我就会被敌人抓了！"还是在这

次敌人的搜查中，由于刘胡兰及时报信，在云周西村的区委书记韩汝范也躲过了敌人的搜捕。

当年清明节，鬼子汉奸又到云周西村抓捕八路军。正带领儿童团团员站岗放哨的刘胡兰赶紧找到陈德照报告情况，并自告奋勇给住在村民石秀文家中的区长张山义报信。由于及时得到消息，石秀文扮成泥匠，张山义扮成农民，一个挑水桶，一个挑石灰，顺利冲出了敌人的包围……

云周西村成为敌占区后，村南村北都有日本鬼子和伪军的据点，最近的不过5里地。而在抗战期间，云周西村住过的八路军及我方人员来来往往，不计其数，有公开的，有隐蔽的，有武装人员，也有文职人员，还有众多的伤病员，面对敌人的反复“扫荡”、搜查、捉拿，却没有损失一人。这不能不说是一个奇迹。这个奇迹的创造，同样与刘胡兰这些儿童团团员的贡献密不可分。

刘胡兰很早就投身于抗战的滚滚洪流，还与一个人有关。这个人，就是刘胡兰的继母胡文秀。

刘胡兰的母亲王变卿去世后，由于父亲要下地劳作，只能和妹妹跟着爷爷奶奶生活。一年后，刘胡兰的父亲刘景谦续了弦，娶了离云周西村8里地的南胡家堡的胡文秀为妻。1940年，19岁的胡文秀嫁到了云周西村。胡文秀小时候念过几天书，17岁就担任了村里的妇救会干部，工作积极，思想进步。本来县妇救会调她到区里工作，由于要照顾舅母留下来的两个孩子，实在走不开，才一直留在村里。嫁到云周西村后，既要承担一家八口人的家务劳动，侍奉年迈的公公婆婆，同时仍然为村里的抗日工作奔波忙碌。

胡文秀为人勤劳善良，虽是一些人眼中的后妈，却对刘胡兰十分喜爱，视为己出。刘胡兰本来就对抗日干部深怀敬意，现在有了位参加抗日的妈妈，自然在感情上十分亲近，经常向胡文秀询问抗日的事情。胡文秀也耐心向刘胡兰讲述抗日英雄的故事，对刘胡兰的成长起到了引路人的作用。

有件事情，很能说明刘胡兰与胡文秀的母女情深。

刘胡兰原名叫刘富兰，8岁时改名叫刘胡兰。“刘”，是亲生父亲刘景谦的刘，“胡”，是继母胡文秀的胡。据说，刘胡兰改“富”为“胡”，是在刘胡兰上小学时，由胡文秀改的。一字之差，尽显胡文秀对刘胡兰的慈爱之情。刘胡兰高高兴兴地接受了这个名字，也说明对继母的认可和喜爱。从此，按照当地人的习惯称谓，刘胡兰又有了一个通俗、欢快、家常的名字——胡兰子。

当然，还有另外一种说法，据说刘胡兰这个名字是 13 岁参加妇女训练班的时候，刘胡兰自己改的。应该说，也不排除这种可能。在战争年代，为避免给家庭亲人带来不必要的麻烦，参加革命改名字的事比比皆是。但即便如此，把自己的名字与继母的姓氏连在一起，也说明刘胡兰与继母之间的母女深情。后来刘胡兰成为区妇救会干部，公家发了一套棉衣，刘胡兰自己舍不得穿，把上衣给了妈妈胡文秀，把裤子给了妹妹刘爱兰。

刘胡兰的父亲，也给刘胡兰树立了做人的榜样。刘景谦是个老实本分的庄稼人，过去树叶掉下来都怕砸了脑袋。但在抗战期间，同样不怕危险，起早贪黑，顶风冒雨，翻山越岭，时常为八路军运粮食、运物资。有一次，刘景谦和 300 多人为八路军运送布匹，被日本鬼子发现了。子弹“嗖嗖嗖”地在头顶飞。有人丢下布匹跑了，刘景谦仍坚持把布匹送到八路军手中，一点都没有少。

过后，刘景谦对刘胡兰说：“答应人家的事，一定要办到。”

这时候的刘胡兰，完全明白了其中的含义。她庄重地对着爹爹连连点头。

英雄需要环境，环境成就英雄，正是抗日战争血与火的战斗洗礼，使刘胡兰从一个羽翼未丰的少年儿童，迅速成长为坚定的革命战士。

04 机智勇敢除汉奸

1940年8月，日本帝国主义调集大批兵力扑向华北，对共产党、八路军领导的抗日根据地进行大规模的“扫荡”，实行残酷的烧光、杀光、抢光的“三光”政策，妄图将我党领导的抗日人民武装一举“扫荡”干净。在汾阳、文水、交城一带，日伪军投入了三四万人的兵力，修筑碉堡，封锁道路，许多村镇都扎下了敌人的据点。文水平川上岗楼林立，狼烟滚滚，一片恐怖凄惨的景象。云周西村也由抗日根据地变为共产党、八路军的游击区，抗日活动由公开转入地下。

1941年后，抗战进入艰苦的相持阶段。山西的抗战形势同样呈现出错综复杂的局面。一方面，日本鬼子疯狂围攻共产党领导的抗日根据地，急于消灭山西境内的八路军。另一方面，国民党顽固派的投降嘴脸日益暴露，各种反共摩擦事件不断发生。抗日根据地面临严峻的考验。

当时，山西老乡把阎锡山的嫡系19军称为“勾子军”，进而把阎锡山的部队都称为“勾子军”。习惯上，人们用单手表示“九”，是以手握拳，食指伸出后半弯，形似钩子。表示“八”，同样以手握拳，将大拇指和食指尽力分开。老百姓伸出“八”字，代表着八路军，顺嘴还要尊称一声“八爷”，一脸崇敬之情；伸出个钩子，代表阎锡山的军队，往往是“勾”“狗”一个意思，满脸不屑之色。

老百姓看得清清楚楚，阎锡山不仅不打日本鬼子，不敢打日本鬼子，还和日本鬼子眉来眼去，勾勾搭搭：1940年11月，阎锡山以“共同防共”为条件，换取日军为阎锡山装备30个团的口头协议。1941年8月，阎锡山公开宣称脱离重庆国民政府，在日军占领区设立所谓的办事处，日本也将山西政权交给阎锡山。阎锡山已由联共抗日变为联日反共。

有了阎锡山这泡臭狗屎垫底，山西地面上冒

出了许许多多大小汉奸。他们像癞皮狗一般跟在日本鬼子的后面，狐假虎威，助纣为虐，为虎作伥。

随着日军的“蚕食”“扫荡”，云周西村的抗日干部从平川撤到山区去了。云周西村成了日本鬼子的占领区。敌人的统治更加残酷无情，手段更加阴险毒辣。刘胡兰和乡亲们日夜盼着八路军能够重回云周西村，消灭日寇汉奸。

到了 1943 年夏天，经过殊死斗争，八路军又回到了文水平川，与当地乡亲联合开展“反蚕食”的斗争，在敌人心脏重新建立抗日根据地。而建立根据地的首要任务，就是要消灭日本鬼子，惩治罪大恶极的汉奸。

信贤村离云周西村有十来里地远，日军在这里修建了中心炮楼，成为一个较大的日伪据点。据点里有日本鬼子，还有不少伪军和汉奸。其中有个汉奸叫刘子仁，是日伪的谍报组组长。这家伙数典忘祖，认贼作父，死心塌地为日寇卖命，经常在云周西、保贤、大象等村敲诈勒索，胡作非为，破坏共产党的地下组织，作恶多端，血债累累。我八分区敌工站早就想把他收拾掉。可是刘子仁像狐狸一样狡猾，出来进去都要修饰掩盖一番，脸上戴副墨镜，头上扣顶帽子，一下子还真认不出来。敌工站的同志盯了很久，都认不准这个认敌作父的汉奸，找不到惩治的机会。

保贤村离云周西村有四五里地的距离，听说刘子仁几次溜出信贤据点偷偷在保贤村过夜。原五区区委书记、在云周西村秘密工作过的县委领导同志韩汝范，觉得既然武工队进行侦察容易打草惊蛇，不如让儿童团团员先去进行侦察，可能就不会引起敌人的注意。他想到了多次掩护过自己的云周西村的刘胡兰，觉得刘胡兰很可靠，人又非常机灵，于是通过村党支部书记陈德照，在麦收前把侦察刘子仁的任务交给了 12 岁的刘胡兰，要她弄清刘子仁的相貌特征，嘱咐她对谁都不要说。

这是一次独立的侦察任务，时时都会充满危险，稍有疏漏，就有可能被捕甚至牺牲。刘胡兰接到任务后，十分高兴，一点也不害怕。她按照陈德照交代的注意事项，在武工队的协助下，一个人进到信贤村，对刘子仁进行了侦察，弄清了这个汉奸的相貌特征，回来后立即向组织上作了汇报。

秤砣虽小压千斤。区县委对刘胡兰的工作非常满意，通过不同渠道表扬了刘胡兰。

深秋的一天，刘胡兰一家正在地里拔草，突然听到大道上响起一阵自行车铃声。刘胡兰抬头望了一眼，只见一个人骑着一辆自行车，头上顶着软草帽，脸上戴副黑墨镜，身上穿着绸缎衫，车上吊着两包点心。刘胡兰觉得眼熟，正想着在哪里见过这个人，忽然微风吹来，掀起骑车人的衣角，露出一支手枪。枪！刘胡兰一下子认出来了：汉奸刘子仁！她丢下锄头，拔腿就往村里跑，边跑边对爹妈喊："我有事，我回去一下。"还没等大人弄明白是怎么一回事，刘胡兰已经成了一个远去的背影。

刘胡兰跑到村里，连着找了好几个地方，终于找到陈德照，赶紧汇报了刘子仁的去向。

回到家中，妈妈问她为什么丢下锄头就跑？刘胡兰编个理由搪塞了过去。这是刘胡兰第一次对大人撒谎。当天晚上，刘胡兰心中一直惴惴不安，不知道武工队找到刘子仁没有。第二天一大早，就赶紧到街上打探消息。

刚走到大街上，就看到一群人在七嘴八舌地

议论着什么。

听了几句，刘胡兰听清了：昨天保贤村来了武工队，惩罚了两个汉奸狗腿子，一个姓刘，一个姓王。

刘胡兰心里一块石头落了地：刘子仁被除掉了！她心里别提多高兴了。但按照陈德照的吩咐，这件事她对谁都没说。

那天晚上，八路军武工队正是按照刘胡兰提供的情报，精心布置，同时行动，除掉了在当地为非作歹的两个汉奸，一个是王益龙，另一个就是刘子仁。两个汉奸被除掉，给了敌人一个严正警告，特别是对伪军、汉奸产生了很大的震慑效果，敌人的气焰一下子就收敛了不少。武工队也总结出一个经验：消灭了汉奸，就割掉了日本鬼子的耳朵，剜掉了日本鬼子的眼睛，日本鬼子就变成了聋子、瞎子。后来，武工队连续除掉了大汉奸白瑞棠、温培成、赵运通等，轰动了整个文水县，沉重打击了敌人的嚣张气焰，鼓舞了平川人民的抗敌斗志。平川上的斗争形势很快好转，各地抗日活动又活跃起来了。

协助武工队除掉汉奸刘子仁，是刘胡兰第一次单独完成了八路军交给自己的任务。此后，党组织对刘胡兰更信任了，刘胡兰的命运与共产党、八路军也更加紧密地联系在一起了。

05 无惧无畏斗敌寇

湍急的汾河水，日夜不停地奔流，浇灌着汾河两岸。

英雄的刘胡兰，抗战烽火中成长，谱写了新的诗篇。

战斗的岁月一天天紧张地度过。接着到了1944年夏天。这时候，刘胡兰12岁了，和身高一米七的大个子奶奶站着一比，已经到了奶奶眉毛的高度，出落成一个水灵灵的大姑娘。圆圆的脸盘，神气的大眼，乌黑的头发，虽然穿着带补丁的灰蓝粗布衣服，却显得机灵、泼辣、精干。

5月的文水平川，烈日炎炎，麦浪滚滚，满地金黄，丰收在望。在中国共产党的领导下，文水平川军民度过了抗战最艰苦的岁月，在战火硝烟中锻炼得越发坚强，抗日的气势越打越壮。日本鬼子从两年前的趾高气扬、不可一世，变成了霜打后的秋茄子，穷途末路。驻扎在文水的日本侵略者，为了维持它一天比一天更难应付的侵略局面，加紧策划着到乡下抢粮的罪恶阴谋。

这时候，信贤据点来了个日军曹长。这家伙一脸横肉，心毒手狠，手里成天提着一根打人的棒子，老百姓都偷偷叫他“棒子队长”。看着眼前快要成熟的庄稼，日军曹长觊觎不已，恨不得把老百姓的粮食都抢到日军的仓库里。面对日军的罪恶阴谋，八路军武工队和各级党组织，派出干部秘密下到各村，组织群众进行抢收和坚壁清野，保护老百姓的劳动果实。一场抢粮与保粮的斗争，暗潮起伏，波涛汹涌，随时而发。

特殊的地理位置，使云周西村在这场抢粮与保粮的战斗中，又处在了斗争的最前线。

这一天上午，文水县抗联主任和几个村干部正在云周西村开会，研究布置抗粮工作。刘胡兰按照村干部的安排，带着三四个儿童团团员，在村北护村堰口旁放哨。几棵柳树下面，儿童团团员假装在玩着跳圈圈的游戏，一切都显得平静自然。天空一片瓦蓝，太阳使劲猛照，大地热气蒸腾，儿童团团员们开始感到燥热难耐。刘胡兰知道抗日干部正在村里开会，要求大家格外警惕。一双双乌黑发亮的眼睛，都在盯着周围日军据点的方向。

突然，刘胡兰发现通向信贤据点的大道上，远远扬起了一股尘土。她定睛一看："不好，像是鬼子的马队！"刘胡兰赶紧让小伙伴们到村里报信，自己一阵风似的跑到村干部正在开会的八路军交通员石三槐家："鬼子的马队来了！"

这时候，会议刚刚开完，屋内只有县抗联主任和石三槐，加上刘胡兰，一共是 3 个人。出村已经太晚，3 人立即采取对策，由刘胡兰在门口瞭望，石三槐他们赶紧进屋布置。

敌人这次出动，一是为了抢粮，二是搜捕布置抗粮工作的八路军干部。日本鬼子一进村，便端着刺刀，到处翻箱倒柜，盘查搜索。云周西村鸡飞狗跳，乌烟瘴气。

一会儿，石三槐家院外传来一阵马蹄声。接着，3 个骑马的鬼子在石三槐家门口停下，把马往枣树上一拴，端着枪，提着刀，气势汹汹地闯进石三槐家，逼问村里的粮食藏在哪里，有没有看见八路军。得到石三槐否定的回答，日军呜里哇啦地叫骂起来，接着对屋内进行搜查。

一个鬼子用刺刀挑开西房门帘，看见炕上用被子蒙头盖脑躺着一个人，立即凶恶地吼道："喂，什么的干活？起来起来的！"

石三槐回答："是孩子他爹，生病了。"

另外两个鬼子听见喝叫，荷枪实弹，立即跑了过来。但他们刚往屋里一探头，马上像被马蜂蜇了似的缩回了脑袋。因为炕下满是炉灰和稀汤，有人刚刚呕吐过。

这时，刘胡兰机灵地倒了碗水端进屋内，对炕上躺着的人说："爹，你漱漱口吧！"

炕上的人有气无力地支撑起身体，端过碗喝了一口，"呼"地又喷在地上，溅起一股炉灰，腾起一股烟尘。

几个鬼子看不出破绽，只好从室内退出来。一个大黄牙的鬼子装出一副笑脸问刘胡兰："小孩，谁家粮食的有？"

刘胡兰急着要打发日本鬼子滚蛋，灵机一动，想起村东的财主石廷璞为讨好鬼子，多次自动把粮食送进日本鬼子的据点，还在自家大门上贴出“粮已奉缴”的条子。刘胡兰对这种汉奸行为恨得直咬牙，于是，用手向东一指：“那边有个门上贴着纸条条家，他家的粮食多。”

鬼子咧开大嘴，解开马缰绳，牵着马向村东去了。

第二天，刘胡兰智斗鬼子兵的事儿就在村里传开了。大家都说，刘胡兰有胆量，有心计。

这年冬天，武工队得到了消息，文水县的日军急着要把从老百姓手里抢来的 100 多万斤粮食，赶快运出文水县。根据多次侦察，弄清了敌人最大的囤粮点在西社据点。中共文水县委决定，联合主力部队，攻打西社据点，夺回西社囤粮，并动员群众参与运粮。云周西村作为老根据地，当然是这次群众运粮的主力村之一，村干部私底下悄悄进行串联动员，发动全村的劳力参与夺粮斗争。几天后，一场声势浩大的夺粮战斗打响了。

深夜，在夜幕的掩护下，以八路军正规部队和县区武工队为前导，在县工委书记和八路军六支队队长的指挥下，3000 多名夺粮群众和 1000 多辆牛车、马车，按照统一安排，兵分几路，同时向日寇的西社据点悄悄进发。西社夺粮战斗无异于虎口拔牙，云周西村之前专门强调，不让刘胡兰等儿童团团员参加。但刘胡兰事先和几个伙伴私下商定，每人头扎白毛巾，扮成青年人的模样，坚决参加这次夺粮斗争。于是，当天夜里，刘胡兰和几个伙伴一起，随着夺粮大军一起朝西社据点挺进。

战斗打响了，火光划破夜空，枪炮声震耳欲聋，八路军战士猛虎般扑向敌人，迅速包围了敌人的碉堡。据点里的敌人被打蒙了，叫天天不应，叫地地不灵，只能躲在碉堡里边挨打。

隐蔽在村外的乡亲们，按照统一指挥，像汹涌的潮水一般，从四面八方冲向敌人的粮库。几千人的运粮队伍，依次来到了指定的地点。敌人的粮库大门被砸开了，一袋袋粮食被扛了出来，在微弱的星光下，源源不断地被装上车。前面的大车刚装满拉走，后面的空车立即又赶了过来，有条不紊，井然有序，车水马龙，浩浩荡荡。“吱吱扭扭”的大车声和着“噼噼啪啪”的枪炮声，鸣奏出一支雄

壮的人民战争交响曲！

刘胡兰和小伙伴们混在四村八邻的乡亲们中间，使出全身力气，站在一辆辆大车上，帮着把一袋袋粮食放平搁稳。几十万斤的粮食啊！刘胡兰和装车的乡亲们累得腰酸腿痛，汗流满面，但大家毫不松劲。人人心里只有一个念头：赶快装车，赶快运走，八路军在战斗，运粮也是战斗！

西社夺粮，从鬼子的粮仓里抢出了 60 多万斤粮食，全部运到了八路军的根据地。这在当时是个惊天动地的事件！等到敌人的粮食被拾掇得干干净净，刘胡兰他们刚走出二里地，敌人的炮楼就被点着了。胜利的火光直蹿云天，点亮了半个夜空。

刘胡兰借着红通通的火光，看着身旁滚滚向前的夺粮队伍，心里说不出有多高兴、多激动。通过参加夺粮战斗，刘胡兰又一次感受到抗日斗争的威力，感受到人民群众的力量。

1945 年 5 月，随着抗战形势的胜利发展，文水平川的对敌斗争开展得蓬蓬勃勃，神出鬼没，刘胡兰在斗争中也变得更加坚强、更加勇敢、更加成熟。按照上级对日军开展反攻的指示，云周西村党支部和敌工站根据县委的指示，决定配合八路军十二团的部队，把信贤据点的日伪军引到云周西村这一带，消灭这帮无恶不作的侵略者。

诱饵部署停当，一切准备妥当，这里马上就要成为日本侵略者的坟墓。5 月 8 日一早，天刚蒙蒙亮，刘胡兰就和村里的民兵一起来到护村堰口，密切监视着信贤据点敌人的动静。

敌人果然上当，没到吃早饭的时间，就急急忙忙赶过来。闪着寒光的刺刀和乌黑的枪筒看得越来越清楚，27 个全副武装的日本鬼子和伪军，在棒子队长的吆喝下，杀气腾腾向云周西村的方向走来，时间不长，就进入抗日军民的埋伏圈。

八路军一声令下，早已等候着日军的机关枪、手榴弹同时炸响，一下子放倒了 10 多个敌人。棒子队长没料到会在离据点这么近的地方遭遇到这样大的伏击，损兵折将，慌不择路，赶紧领着残兵，连滚带爬抢占了旁边的一片坟地，妄图靠着坟堆作掩护，负隅顽抗，固守待援。

八路军敌工站站长刘芳命令武工队在正面牵制敌人，他和八路军一名排长带领一部分战士，迂回到敌人的身后，准备出其不意地冲入敌阵，用刺刀和手榴弹消灭敌人。当时八路军的枪支和子弹都不多，只有边区造的手榴弹管够，打仗主要靠抵近敌人，用扔手榴弹和拼刺刀的办法消灭敌人。当大家隐蔽到达了战斗位置后，战士们一检查，发现身上带的手榴弹不多了。这时，敌我双方已经僵持了20多分钟，拖延下去，增援的敌人就会赶来，全歼日军的计划就难以实现。

土墙后面的刘胡兰也在为八路军焦急。当她看到村党支部书记石世芳忙着组织民兵往前面运送手榴弹，心里顿时明白了。她一跃身，毫不迟疑地奔向弹药箱，弯腰抓起几颗手榴弹，尾随着民兵冲上了火线。

刘芳看到民兵送来的弹药，心里又激动又兴奋：来得太及时了！忽然，他看到一个小姑娘抱着几颗手榴弹，跃上高高的护村堰，快步向这里跑来。而为了尽快把弹药送到八路军手里，刘胡兰忘记了隐蔽，登上高堰，还直挺着腰板往前跑。

透过战火硝烟，刘芳认出是刘胡兰，急忙大声喊道："危险，快卧倒！"

刘胡兰听到喊声，立刻卧倒。几乎就在同时，一排子弹尖啸着从刘胡兰的头顶飞掠而过。刘胡兰不顾危险，跳下沟渠，弯腰把手榴弹送到了战士们的手中！

一颗颗凝聚着仇恨的手榴弹在敌人阵地上炸开了花。霎时，坟场内硝烟弥漫，尘土滚滚。八路军战士趁着烟雾，跳出掩体，一下子冲到敌人面前，雪亮的刺刀一把把戳进敌人的胸膛。几分钟的白刃格斗后，鬼子和伪军几乎全部丧命。坟场成了侵略者见阎王最近的地方。

棒子队长趁着混乱之机，爬起来仓皇向信贤据点的方向逃窜。几个八路军战士紧追不放，眼见这个法西斯匪徒妄图顽抗到底，战士们端起枪，一齐对准这个活靶子。一阵枪响过后，棒子队长应声倒地，再也爬不起来了。

敌人被全部歼灭的喜讯，春风一般迅速吹过了云周西村，吹遍了文水平川、汾河两岸。云周西村久久沉浸在胜利的欢呼声中，整个文水平川都沉浸在胜利的欢呼声中。

刘胡兰和云周西村的儿童团团员们，高兴得

又蹦又跳，欢呼雀跃，眉开眼笑。他们和乡亲们一起，抬着烙饼、鸡蛋等慰问品，送给亲人八路军和武工队。小伙伴们抑制不住胜利的喜悦，高唱豪迈的抗日战歌，去迎接更为伟大的胜利！

06 巧计参加训练班

经过艰苦卓绝的抗战，1945年8月15日，日寇被迫宣布无条件投降！中华民族近百年对外抗击侵略者的斗争，第一次取得了完全的胜利。

盘踞在文水县城的日本鬼子，如丧考妣，哭爹叫娘，又负隅顽抗，死不投降。于是，按照八路军总司令朱德在延安发布的命令，9月1日拂晓，在一片庄严正义、振奋人心的枪炮声中，八路军解放了文水县城，把日本鬼子赶出了被其强行占据7年之久的文水县城。

红旗招展，锣鼓喧天，遍地欢歌！云周西村的男女老少一齐拥出家门，在街口尽情欢呼，相互祝贺。刘胡兰还按照安排，和村里的抗日积极分子一起，到30里外的文水县城，参加了八路军召开的万人祝捷大会。祝捷大会上，一通通锣鼓敲得地打战，一阵阵鞭炮炸得天发热。人们一个劲地跳啊、唱啊，比平时赶大会、过大年热闹得多了。多年来和共产党、八路军命连命、心贴心的抗日群众，完全沉浸在胜利的喜悦之中。

小鬼子被打败了，老百姓该过安生日子了！但人们欢庆抗战胜利的喜悦还没有过去，一阵阵枪声“噼噼啪啪”又紧赶着传了过来。老百姓的心又吊到了嗓子眼里。

这次舞刀弄枪、穷兵黩武的，是阎锡山的“勾子军”。八年全面抗战，山西几乎全被日本鬼子占领，阎锡山带着“勾子军”跑到黄河边上保命去了。在日本鬼子的占领区，是共产党、八路军与日本鬼子殊死拼杀。山西地面上洒下了多少八路军指战员的鲜血，留下多少抗日军民的英灵！共产党、八路军不仅自始至终要和日本鬼子顽强战斗，蹈锋饮血，还要和国民党的反共摩擦据理力争，过招斗法。

抗战一开始，阎锡山绞尽了脑汁：日本人不愿得罪，蒋介石得罪不起，共产党不敢得罪，于是开始了“三颗鸡蛋上跳舞”的丑角演出，既想利用共产党保自己的地盘，又和日本鬼子挤眉弄眼。抗战进入相持阶段，阎锡山对抗战胜利失去信心，在蒋介石反共高潮的诱导下，于1941年8月11日，和日军签订了《汾阳协定》，堕落成与汪精卫同流合污的日本侵略者的走狗。只是由于共产党坚决反对——新中国成立后曾任山西省省长的王世英，代表中共中央向阎锡山严正表明：谁要投降日寇就打谁；加上一个意外事件——阎锡山和日本鬼子谈判时，把日军为拉拢他而为他输送军事物资的车队，误当成日军要扣押他的部队，仓皇逃离了谈判桌，才勉强保住了一个没有公开投降日寇的名声。

抗战刚结束，阎锡山就急急忙忙由黄河岸边跑回省城太原，一纸命令，让过去奴颜婢膝、认贼作父的伪军，统统变成自己的部下，让他们扛枪去打共产党、八路军。本已是丧家之犬、惶惶不可终日的伪军，有了阎锡山的招降纳叛、扬幡招魂，自然感激涕零，唯阎锡山之命是从，一齐把枪口对准共产党和八路军，替国民党去抢八路军的地盘。而还没有滚出中国的日本鬼子也贼心不死，蠢蠢欲动，和阎锡山的军队一齐攻打八路军。拿文水县城来说，10天前刚被八路军胜利收复，9月9日，阎锡山即命令日伪军重新攻占了文水县城！

阴风阵阵，恶浪滚滚。文水县城如此，全山西如此，整个中国都是如此。

1945年8月日本投降后，蒋介石明着邀请毛泽东赴重庆进行和平谈判，暗地里调兵遣将向解放区发动进攻。阎锡山卖力去做国民党进攻解放区的急先锋，乘八路军向日军进行大反攻之际，组织日伪军气势汹汹地向解放区发起进攻。人不犯我，我不犯人，人若犯我，我必犯人！9月10日，我军被迫在山西上党地区发起自卫反击作战。此役我方投入兵力3.1万人，阎锡山投入3.8万人。10月12日战役结束，1个月时间，八路军消灭了包括阎锡山嫡系19军在内的共3.5万余人。一场战役歼灭阎锡山1/3的“勾子军”。

据说，阎锡山得知上党之役失败，在床上躺了半天，一动也不动。最后恍然大悟，痛心疾首：“我糊涂啊，我糊涂啊，成群的乌鸦在我院里的树上那么乱叫，我还要派兵，我好糊涂啊。”

盼着过上平安日子的老百姓又失望了。本是

收获的季节，平川上却听不到欢歌笑语。人们明白了，不改变不公道的旧世道，不打垮蛮横无理、横行霸道的“勾子军”，老百姓就别想有安生日子过！

绽开着朵朵棉絮的棉田里，刘胡兰一家正在紧张地采摘棉花，就像是怕被别人抢了去似的。过去是被日本鬼子糟蹋苦了，现在打跑了日本鬼子，可“勾子军”又要来了。刘胡兰的奶奶这时候身体越来越差，也坚持着带病来到棉田，嘴里一边嘟噜，一边不停地摘棉花。一抬头，见刘胡兰站在那里愣愣地出神，又开始念叨：“赶紧摘呀，等遭瘟的‘勾子军’来了，想摘也摘不成啦……”

刘胡兰人站在棉花地里，心还真不在摘棉花上。抗战期间，刘胡兰小小的年纪就跟着八路军出生入死，为抗战尽心尽力。她亲眼看到是八路军领着自己打鬼子除汉奸，是八路军舍生忘死保卫老百姓，是八路军为了老百姓流血牺牲。自抗战开始阎锡山退出太原城，抗战中，晋中的老百姓谁都没见过国民党和阎锡山军队的面。而现在，这些只会欺负老百姓的“勾子军”却和日伪军勾结，抢占八路军冒着枪林弹雨打下的县城！

这时的刘胡兰，刚过 13 周岁，高个头，壮身板，脑后拖着黑油油的大辫子，一双俊俏的眼睛，眉宇间透着一股刚毅，朴素大方，举止稳重，比同龄女孩子要成熟很多，站在一群姑娘中间，显得特别出众。自阎锡山和日伪军狼狈为奸霸占了文水县城，原来活泼开朗、好说好动的刘胡兰，明显变得少言寡语，闷闷不乐。谁栽果树谁摘果，谁种庄稼谁收割，不栽果树、不种庄稼，却要摘果子、抢粮食，和日本鬼子有啥区别？想来想去，刘胡兰心中涌现出一个念头：当八路军，拿起枪杆子，消灭蛮不讲理、继续和日本鬼子勾勾搭搭的"勾子军"！

就在这时，村里传来一个好消息：根据中共文水县委的指示，为了适应斗争需要，要在云周西村北边 10 多里远的贯家堡，举办妇女工作干部训练班，培训一批农村妇女干部。作为老抗日根据地的云周西村，是重点选拔培训班学员的地方。县里专门派吕雪梅来到云周西村，进行学员选拔工作。

吕雪梅，文水县人，生于 1925 年，12 岁时就参加了共产党领导的山西牺牲救国同盟会，

1940 年加入中国共产党，是作为“红区”的文水县第一个入党的女同志，入党时也只有 15 岁。这时的吕雪梅是县委妇女部部长兼五区妇救会主任，一头短发，一身灰布制服，身带一支短枪，显得干脆利索，英气勃勃。抗战期间，吕雪梅曾经在云周西村这一带工作过，对村里的情况很熟悉，对刘胡兰的印象很好。

吕雪梅后来成为刘胡兰的直接领导，也成了刘胡兰的好朋友、好战友，还是刘胡兰的入党介绍人。新中国成立后，吕雪梅跟随王震大军到新疆屯垦戍边，被同事们称为“新疆的妇女领袖”。但后来在报纸上、广播里，却看不到、听不到吕雪梅这个名字，因为吕雪梅已经改名吕铭。之所以要改为吕铭，就是为了铭记那段刻骨铭心的峥嵘岁月，铭记伟大而光荣的刘胡兰烈士。

云周西村确定了 4 个妇训班学员名额，吕雪梅首先想到的就是刘胡兰。而刘胡兰对吕雪梅的决定还一无所知，她认为进了训练班，就是参加了八路，就实现了自己的愿望。但能不能被选上，刘胡兰依然没有把握。尤其是刘胡兰的奶奶，生怕刘胡兰参加训练班，一天几遍对着刘胡兰唠叨，不准她离开家里，风声传得好多人都知道。因此刘胡兰既满怀希望，又忐忑不安。

参加训练班的名单下来了，里边偏偏就没有刘胡兰！这下子刘胡兰真急了，她找到吕雪梅，直截了当地提出："我要参加妇训班！"

吕雪梅告诉她，组织上当然很希望她参加，但刘胡兰的奶奶舍不得让她走，县委规定，参加妇训班必须要得到家里人同意。

既然县里有规定，刘胡兰就不能再说什么。她失望地瞪着两只大眼睛，一声不响地看着窗外。过了一会，冲吕雪梅笑了笑，就回家去了。

参加训练班的事，好像和刘胡兰已经没有关系了。

10 月 20 日，在通往贯家堡的大路上，云周西村 4 个被确定参加训练班的青年妇女背着行李，兴高采烈地往培训班驻地赶去。突然，后面又赶来了两个人，一个是刘胡兰，一个是比刘胡兰还小两岁的陈德照的妹妹陈玉兰。几句话说过之后，行进的队伍一下子热闹起来。原来，刘胡兰知道按规矩，自己参加不成训练班，于是来个先斩后奏，悄悄和小伙伴约定，只要村里参加训练班的人员一出动，俩人和家里不辞而别，一定要参加八路军，参加训练班。想法不错，计划成功！6 个人不约而同，一起高高兴兴向贯家堡走去。

可惜的是，还没有走出多远，陈玉兰的大舅就气喘吁吁地赶了过来，一个劲数落，陈玉兰的父亲病重在床，需要有人照护，硬要拉陈玉兰回去。时间久了，陈玉兰害怕刘胡兰的家人也追过来，只好含泪把自己带的一双袜子和身上穿的线背心脱下来，递给刘胡兰，哭鼻子抹泪地和大舅回村去了。

陈玉兰没有参加成妇训班，但之后一直在云周西村做妇救会的工作，是刘胡兰的好战友、好帮手。1946 年冬，文水县敌我斗争形势日益紧张，13 岁的陈玉兰被组织安排进了西山根据地。临行前，陈玉兰专门问刘胡兰走不走，刘胡兰说自己还有任务，不能走。几个月后，刘胡兰被敌人残忍杀害。此后，陈玉兰成为坚定的革命战士，一生勤勤恳恳，任劳任怨，直到离休。

刘胡兰来到贯家堡，心里却十分不安，生怕

培训班不收。负责报名的吕雪梅一见刘胡兰，非常高兴，一句话让刘胡兰安下了心：“和大伙儿一块学习吧，你家里的工作由我们来做。”

果然，刘胡兰的奶奶找到训练班来了。不是自己走来的，奶奶身体不好，已经走不来了，是被刘胡兰父亲用独轮车推来的。原来，奶奶知道刘胡兰参加了训练班，又听说训练班一结束参训人员就要开拔打仗。一辈子谨小慎微的奶奶无论如何坐不住了，逼着儿子赶紧用独轮车把自己推到贯家堡，递水不喝，给饭不吃，高喊大叫让刘胡兰赶紧跟她回去。

吕雪梅一面对老人予以热情接待，耐心进行劝解，一面派人去找刘胡兰过来见奶奶。但几个人回来，都说找不到刘胡兰。怎么会找不到呢？刚才明明看见刘胡兰在操场上进行操练。没办法，吕雪梅只好自己去找，最后在房东大嫂的东屋里找到了躲藏在里面的刘胡兰。

原来，刘胡兰就怕奶奶来找她，估计奶奶也一定会来找她，早就做好了思想准备，想出了应对之策。她知道，依照奶奶的脾气，只要自己见了奶奶的面，谁再说话都不好使，肯定会被奶奶硬拉回去。因此一看见奶奶，立马就躲了起来。

吕雪梅说："奶奶既然老远赶来了，你就去见见吧！"

刘胡兰摇摇头："不！我不能见。我参加革命这件大事，说什么也不能依着奶奶！过后她慢慢就能想开了。"

正如刘胡兰预料的那样，奶奶找不到刘胡兰，又被吕雪梅劝解了半天，思想慢慢有点通了。在吕雪梅的招待下吃完饭，就坐上了独轮车，让儿子把自己推回村去了。

看着奶奶坐上独轮车走了，刘胡兰才面露喜相地从房东大嫂的东屋里出来了。她顺利地渡过了家庭这一关！

07 革命熔炉炼真金

妇训班学习开始了。训练班里也有军事操练的科目，但主要是学政治、学文化，为的是训练结束后各自回村开展妇女工作。了解妇训班的性质后，刘胡兰心里又不平静了：自己是要参加八路军啊，学习后又回到云周西村，还怎么当八路？刘胡兰的心又飞向了八路军的老根据地——西山。

这天，妇训班邀请县抗联主任给学员们作报告。刘胡兰认识县抗联主任，觉得抗联主任为了打日寇赴汤蹈火，出生入死，那才是真正的八路军！但抗联主任的几句话，使刘胡兰的心头猛然一震："不学习革命理论，不懂得革命道理，就好比是瞎子走路，看不见方向，搞不好革命。"

响鼓不用重锤敲，抗联主任一席话，让刘胡兰开了窍。她亲眼看到在云周西村的抗日干部，包括抗联主任在内，无论工作多忙，条件多艰苦，处境多危险，每天晚上都围着炕桌，在油灯下看书，学习文件，认真讨论。她也看到顾县长和吕雪梅他们，个个能文能武，文武双全。是啊，只有学好革命理论，懂得革命的道理，才能干好革命，完成好任务。于是，刘胡兰的心安静下来了，一心扑在了学习上。

训练班的学习用具发下来了，一个学员发一个小本子，半截铅笔。本子是拿用过的旧账本纸翻过来订成的，铅笔是一根新铅笔一折两半。吕雪梅对学员们说："这 20 来支铅笔，是我们地下工作人员在敌占区买下，冒着生命危险送来的。因为数量不足，每人只能分半截。"

刘胡兰激动地看着半截绛红色的铅笔，紧紧捏在手中。她知道了学习机会的难得和不易。她下定决心，一定要学好文化，学好理论，做一个文武双全的女八路。

学习课本传到了学员手里。其中有毛泽东的 3 篇著作——《怎样分析农村阶级》《中国革命和中国共产党》《〈共产党人〉发刊词》，这是妇训班的主要教材。毛泽东的著作用麻纸印成，妇训班里仅有一份，大家相互传看，工工整整地摘抄。

刘胡兰和大家一样，按照训练班的要求，认真学习，认真思考。可在所有学员中，数刘胡兰的年岁小，文化水平差。八路军在云周西村公开活动时，刘胡兰上过几个月的小学，云周西村变成敌占区后，刘胡兰就再也没有上过学，只是跟着继母胡文秀认识过一些字。现在不论是读书还是记笔记，刘胡兰都感到十分吃力。有时候记笔记，急得头上汗珠都滚了下来，还是不知道该怎么下笔。

但刘胡兰就是刘胡兰。面对学习上的困难，刘胡兰不低头，不泄气。她记得老辈人讲的笨鸟先飞、笨人早起的道理，记得妈妈说过勤能补拙的道理。基础差，就多花些力气，多下些功夫。于是，课堂上，刘胡兰认真听讲，不懂就问；每到傍晚，她总要到灶口旁，一边帮老乡烧火，一边借着灶火的余光，拿着小树枝，在地上练习写字。写好了，看看对不对，接着用脚擦掉，重新再写，写好后再擦掉，擦掉再写。半夜里，别人都睡下了，刘胡兰还在炕桌上就着小油灯，不是看书，就是写字。

紧张的学习过去了一天，又过去了一天。刘胡兰的学习成绩突飞猛进，后来居上，得到大家的一致赞扬。于是，班里年龄最小的刘胡兰，成为训练班中的学习小组组长。妇训班分 4 个学习小组，每组十来个学员。这样，刘胡兰除了自己学习，还得负责全组的学习。这对于一个 14 岁的小姑娘来说，担子的确不轻。但刘胡兰没有退缩，处处带头干，事事往前跑，很好地挑起了小组组长的担子。

刚进学习班，刘胡兰留着一根大辫子，乌黑发亮，又粗又长，大家都说好看。可是留辫子就要梳辫子，梳辫子就要花时间。训练班中有的人因为梳辫子太慢，出现过早晨上课迟到的现象。刘胡兰当然不能因为梳辫子影响学习。

一天傍晚，刘胡兰从房东大嫂家借来一把剪刀："谁给我把辫子剪掉吧！"

当时的农村女孩子，没有其他美容条件，只有头发是自己长出来的，留辫子则是农村少女的青春标志，是唯一能显示青春少女风采的靓丽装饰。

同伴惊奇地说："你的辫子多好看，剪了多可惜。"

刘胡兰说："它妨碍学习，就是要把它剪掉！"

"咔嚓咔嚓"两声，刘胡兰长长的辫子被剪掉了。之后，刘胡兰一直留着干净利索的短发。

其他留着长辫子的学员一看，都跟着剪掉了辫子。训练班里再也没有出现过因为梳辫子耽误学习的现象。

妇训班的生活条件很苦，每天只能吃高粱面和小米，没有油，也没有菜。开始，找了一个炊事员为大家做饭，后来，为了节约开支，就由学员们自己轮着做饭。只要轮到刘胡兰做饭，她总是天不亮就起床，担水、淘米、烧火，干完这个又忙那个，总也闲不住。没有轮到自己做饭，她也照样去帮忙担水、烧火。有的学员对艰苦的生活产生了怨言，刘胡兰则说，"革命嘛，哪能是享清福？没有苦就没有甜"。

刘胡兰这个学习小组里，有个小个子的姑娘，个子小，身体也弱。刘胡兰年纪比她小，但个子高，身体好，又是小组组长，因此处处体贴她，照顾她。黑夜出门，刘胡兰和她做伴；伙房值班，刘胡兰帮她干重活。

一个阴雨天的深夜，大家睡得正香。吕雪梅急匆匆过来把大家叫醒：“有敌情，赶快转移！”

刘胡兰立即翻身起床，帮助叫醒全组学员，让大家把所有东西准备好。然后自己跑到伙房，把一袋高粱面扛到肩上，和其他学员一起，迅速离开了驻扎的村子。训练班学员出村不远，后面就传来了“乒乒乓乓”的枪声。

四周漆黑一片，伸手看不见五指。队伍在吕雪梅的指挥下，踏着潮湿的路面，相互照应着，静悄悄地赶路。雨渐渐大起来，不一会儿，大家的背包衣服都淋湿了。胶泥地逢雨便是一滩糟，道路越来越难走。刘胡兰扛着粮食，一脚一滑地向前行进。黑暗中，隐隐约约听见后面有人轻声“唉”了一声。刘胡兰停下脚步，仔细辨认，原来是小个子姑娘，她落到了最后面。刘胡兰等她走到跟前，马上伸出一只手，挽住小个子姑娘的胳膊，小声对她说：“来，我搀着你走。”

大家摸黑赶了 20 多里路，来到了南白家庄。联系好住处后，学员们各自宿营了。刘胡兰抱来柴火，生起炉火，招呼大家烤干衣服再睡，接着给大家烧洗脚水。小个子姑娘烤着衣服，看着里外忙活的刘胡兰，将双脚泡在刘胡兰端来的热乎乎的洗脚水中，心里暗暗羡慕：身板结实，没病没灾，多好！

大伙儿都睡下了。不知过了多久，小个子姑娘只觉得身旁有人颤动了一下，接着是轻轻的“哎哟”声。她睁眼一看，原来是刘胡兰坐在炕边，凑着油灯的光亮脱袜子，袜子脱了一半，露出脚背上一大片黄水疮，上面的脓血粘着伤口上的袜子，刘胡兰正一点一点往下揭，痛得一个劲倒吸凉气。

小个子姑娘一下子坐了起来，非常吃惊地喊道：“你……”

刘胡兰一怔，赶忙回过头来向她摆摆手，让她别出声。接着抱歉地笑了笑，下炕去洗袜子。

那姑娘一把拉住刘胡兰：“我给你洗。”

刘胡兰摇摇头：“不用，不用。”自个儿一瘸一拐地洗袜子去了。

小个子姑娘又是敬佩，又是惭愧。此后，她也学着刘胡兰的样子，各方面都有了很大的进步。

事后，小个子姑娘问刘胡兰：“你咋这样不

怕苦？”

刘胡兰说：“这算什么苦？八路军打游击才叫苦。革命嘛，还能怕苦！”

日寇投降后，中国国内的阶级关系发生了变化。为了让妇训班的学员适应形势需要，增加工作历练，上级安排大家既要学理论，还要经受实际斗争的考验，参加反奸反霸的斗争。

贯家堡有个恶霸，过去盘剥农民，逼死人命，抗战期间虽然没有明着投降日寇，却暗地里勾结日伪军，干了不少坏事。日寇投降了，本该受到严惩，可看到那么多伪军摇身一变都成了阎锡山的手下，于是胆子大了，贼心狂了，公开叫嚷：“只要中国的江山是蒋介石的，贯家堡就是我的天下！”

按照县委指示，吕雪梅带着妇训班的全体学员，和上级派到村里的工作人员一起，发动群众对这个恶霸进行斗争。刘胡兰和工作组的一个女同志按照安排，负责做妇女群众的思想工作，发动妇女起来革命，向恶霸地主作斗争。

一开始，由于受传统观念的影响，村里的妇女认为斗争恶霸是政府的事，妇女参不参加没什么关系。还有人害怕遭到报复，不敢站出来斗争。工作队的女同志带着刘胡兰和其他学员，天天到贫苦农民家里串门，宣传妇女团结起来、自己解放自己的道理，启发妇女为实现翻身解放而斗争。在工作组和妇训班学员的启发发动下，几天时间，贯家堡就沸腾起来了。村里的妇女群众和全村群众一起，对恶霸地主进行了坚决斗争。那个平时为富不仁、欺压百姓的恶霸地主，在群众的面前低着头，缩着身，一下子矮了半截。

妇训班的时间不长，只有 40 来天。妇训班的时间又很长，在烽火连天的战争年代，能够系统地接受 40 来天的学习培训，已是殊为难得。40 来天里，刘胡兰学习了理论，学习了文化，参加了斗争实践，学会了如何开展工作，从一个对共产党八路军具有朴素感情的农村小姑娘，成长为一名坚定自觉的革命战士。

彩云浮动在万里晴空，霞光闪耀在汾水河面。瓦蓝瓦蓝的天空上，自由的鸟儿在凌空翱翔。哗啦啦的汾河水翻动着金红色的波浪，不可阻挡地向前流去——汇入九曲黄河，奔向滔滔海洋……

08 巾帼何须让须眉

妇训班的学习结束了，刘胡兰又回到了云周西村。由于原来负责云周西村妇女工作的同志被调到区里工作，根据村里的工作需要和刘胡兰的突出表现，区领导研究决定，由刘胡兰代理云周西村妇联会主任的工作，当时叫村妇救会秘书。

太阳刚刚露出笑脸，刘胡兰就告别了训练班里的姐妹，兴冲冲地踏上通往云周西村的大道。初升的朝霞映照在刘胡兰激动兴奋的脸上，原来红扑扑的脸颊，显得更加红通通的，朝气中带着英气，俊气中带着豪气。14 岁的刘胡兰，就要在波谲云诡、疾风暴雨的环境当中，挑起 1000 多人大村的妇女工作的领导重担。

花盆里只能栽种花花草草，悬崖上才能长出万年青松。刘胡兰一进村，就按照训练班的要求，先到刚刚担任区委组织委员的原村党支部书记石世芳家里，汇报了自己在妇训班的学习情况，接着，快步向自家的院子走去。

第一次离开家，而且一走就是40多天。一家人刚吃罢饭，看见刘胡兰回来了，都非常高兴。刘胡兰叫了爹，喊了妈，接着向奶奶赔不是。奶奶原来心里还有气，一看孙女笑脸盈盈、完好无损地回来了，抬手不能打笑面人，加上小小年纪就成了管着全村妇女的官家人，心里一高兴，怨气无影无踪，也忍不住跟着全家人笑了起来。

在其位，就得谋其政。不管是代理还是不代理，当了村妇救会秘书，就要全力做好全村的妇女工作。刘胡兰在村里要干的第一件事，是按照县区的安排，组织全村妇女办冬学。

当时为妇女办冬学，既是利用冬闲时节，让妇女学点文化知识，更是为了让妇女走出家门，追求自身解放。在旧社会，封建政权和族权、神权，是束缚中国人民特别是农民的三条极大绳索，而妇女身上又多了一条绳索：夫权。几千年了，“三从四德”“夫为妻纲”等封建陋习沉重压在中国妇女的头上。妇女被压在社会的最底层，妇女解放是消灭封建制度、实现民族解放的重要一环。中国共产党一直把妇女解放作为自己的重要使命，努力为妇女解放创造条件。

现在，日本鬼子被打跑了，日子相对安生了，于是，在共产党领导的根据地里，各级人民政权都在想方设法为老百姓办实事、办好事。办冬学，就是为妇女提供一个翻身当家做主人的机会，提高妇女的思想觉悟，动员妇女参加支援人民军队的斗争，粉碎敌人对解放区的进攻。

可是，要破除祖祖辈辈传下来的旧习俗，把村里的冬学办起来，并不是件容易的事情。云周西村妇救会有 3 个人，负责人称秘书，也就是主任，由刘胡兰担任；另外两个是刘胡兰的伙伴，一个和刘胡兰的年纪差不多，一个是陈玉兰，年纪比刘胡兰还小两岁，在婆婆婶婶们看来，都是些儿童团团员。第一次召开全村妇女大会，锣敲得“咣咣”响，人却迟迟不到场。费了好大劲，人总算到得差不多了。轮到刘胡兰讲话，一看有那么多人，心里一下子紧张起来。过去虽然敢说敢做，出生入死都不怕，但第一次登台讲话，以妇女主任的身份为婆婆婶婶们布置工作，刘胡兰当然考虑得多了些，结果越想得多，心里就越乱，说话也不利落了。好不容易使自己平静下来，刚讲了几句，几个妇女又交头接耳小声议论起来，刘胡兰的思路又被打乱了。结结巴巴说了个大概意思，就算是讲完了。

第一次开会布置工作，显然很不理想。办冬学本就是件不容易的事情，这样一来，村里的风言风语跟着就出来了：几个黄毛丫头，话都说不全，还想办冬学?

听到议论，刘胡兰闷闷不乐，愁眉不展。可回到家里，奶奶还阴沉着脸，好像是早就有先见之明，吃饭时还冲着刘胡兰发脾气。刘胡兰心里很不是滋味，越想越难受，禁不住把饭碗一放，跑回屋里趴到炕上，哭了起来。

哭归哭，任务还要完成。刘胡兰倔强的个性和不服输的劲头上来了，枪林弹雨都敢闯，别人议论几句算得了什么？刘胡兰一面劝说陈玉兰她们不能泄气，一边思考解决问题的方法。吕雪梅也专门来到了云周西村，劝导刘胡兰和陈玉兰她们：“工作不是一下子能搞好的，要有克服困难的勇气。”告诉刘胡兰，工作一定要做细致，做扎实。

刘胡兰受到鼓励，坚定了办好冬学的决心。她对两个小伙伴说，万事开头难，要是开了头，事情就好办了。于是，刘胡兰照着吕雪梅教的办法，尽力把工作做细做实，首先做好开头的工作。她和小伙伴一起，挨门挨户进行说服动员，让大家懂得上冬学的好处。她们把全村的妇女筛过来选过去，挑了几个平时和她们关系不错、家庭比较开通、思想比较进步的妇女，把她们先组织起来，然后大家一起去做其他人家的工作，采取由少到多的滚雪球的办法，慢慢启发和带动全村的妇女。几天时间，她们就把全村走遍了。而工作也很快有了效果，大家开始对刘胡兰她们另眼相待，刮目相看，有十几个人报名参加冬学。虽然人数不多，但云周西村的第一所冬学，终于办起来了。

真像刘胡兰说的那样，一些来看热闹的妇女，发现在冬学里能念书识字，还能知道不少外面的大事情，一个个都来报名学习。没多久，冬学班就由十几个人发展到了 50 多人。一上课，满屋子挤的都是人，叽叽喳喳，七嘴八舌，就像是拉开了几台戏班子。参加冬学的妇女都非常开心。云周西村的冬学办得有板有眼，有声有色，走在了全区妇女办冬学工作的前面，受到了领导的充分肯定。

漫云女子不英雄，出水才见两腿泥。这年腊月，经组织上提名，群众讨论，大家一致同意，去掉“代理”二字，选举刘胡兰为云周西村妇救会秘书。

09 曲曲都是支前歌

形势的发展变化，印证了党中央的判断。而随着局势的发展变化，刘胡兰肩上的担子也越来越重。

抗战刚刚胜利的时候，蒋介石集团即加紧对解放区的进攻和侵犯，企图立马消灭共产党和人民军队，只是由于自己的军队离原来日本鬼子占据的地盘太远，军力部署难以迅速到位，才假惺惺邀请毛泽东到重庆谈判。蒋介石认定自己在重庆经营了8年，毛泽东不敢到重庆来，虽然连发3封电报，却什么都不准备，只是想造点舆论欺骗老百姓，同时为自己的军事进攻争取时间。哪知道毛泽东为了中华民族的利益，不避风险，大智大勇，亲赴重庆谈判，让国民党措手不及，处处被动。虽然最后不得不在双十协定上签了字，承诺不打内战，但双十协定签订后的第 3 天，蒋介石即密令国民党军队按照下发的“围剿”红军时编纂的反共手册《剿匪手本》做准备，一俟军力调动停当，随时开战，彻底消灭共产党。

山西是阎锡山的老巢。从黄河岸边的吉县到省会太原，也就是 700 来里的路程，加上一直和日军明里勾勾搭搭，暗地里招降纳叛，因此在日伪占领区中，阎锡山最先完成了国民党的军力部署，所以才有了个让阎锡山疼得龇牙咧嘴的上党战役。但由此也使山西解放区面临特别艰巨的挑战。

云周西村这时也由原来八路军对抗日本鬼子的前线，变成了人民解放军对抗蒋阎匪军的前线。根据战争的发展和形势的需要，云周西村开展了大规模的生产和支前运动。而云周西村的支前任务，很大一部分要由村里的妇女来完成。

云周西村的妇女群众，长期和八路军同心连命，又在冬学里提高了思想觉悟，对共产党、八路军怀有很深的感情，一经宣传发动，支前和生产的积极性被大大调动起来了。她们和所有解放区的妇女一样，光荣地挑起了支援前线子弟兵的重担。

就在刘胡兰为办冬学奔波忙碌的时候，县里分配给云周西村为八路军纺线 200 斤的任务，要求 1 个月内纺完。过去农村人家穿衣服，都是家家户户自己种棉花、纺线、织布、缝制。阎锡山为了逼迫八路军退出解放区，对解放区进行了严密封锁，所有物资都不准运进解放区。快过冬了，八路军过冬的军服还没有备齐。于是各地党组织迅速动员解放区的群众，为八路军纺线织布，然后送交八路军被服厂制作军装，解决部队过冬穿衣的困难。

接到为八路军纺线的任务，刘胡兰马上和村妇救会的伙伴们商量，很快把任务分配了下去。

就在这时，刘胡兰奶奶的病情不断加重。在一个寒冷漆黑的冬夜，奶奶安静地睡着了，再也醒不过来了。

刘胡兰的母亲死得早，奶奶一直拿刘胡兰当掌心宝、心尖肉，虽说成天老是唠唠叨叨、嘟嘟囔囔，那也是祖孙情深。奶奶的去世，使刘胡兰十分悲痛，趴在奶奶身上放声大哭，拉都拉不开。

悲痛中的刘胡兰，依然没有忘记村里的工作。由于家里的条件有限，奶奶的丧事办得很简单。办完了奶奶的丧事，刘胡兰马上来到观音庙村公所，惦记着给全村分棉花纺线的事。

果然，村公所的炕头上，依然堆着一大堆棉花，足足有 40 多斤。两个小伙伴正发愁得不行。原来，刘胡兰她们商定，按每个人纺 2 斤棉花的标准，把纺棉任务分到了个人，到发棉花时，才发现有的生病不能纺，有的孩子多纺不成，有的回娘家不在家，有的已经接受任务的又不愿多干。

了解情况后，刘胡兰自言自语地说："唉，我怎么就没有想到呢？"于是，她们重新进行安排部署，逐家逐户了解情况。当天晚上，刘胡兰在冬学里，把纺线的意义和分棉花的情况再次对大家进行了说明和动员，主动承担了纺线任务分配不周的责任。然后说："先给我多分 2 斤。"

大家知道刘胡兰刚送走了奶奶，正在悲痛中，还要求增加任务，于是纷纷要求多承担纺线任务。有多要 1 斤的，有多要半斤的。40 多斤棉花很快分下去了。

刘胡兰打小从奶奶那里学到了一手纺线的好手艺，线纺得又快、又细、又匀，一天下来，就能纺四五两棉花。承担了纺线任务后，她不仅白天有时间就纺，晚上还要借着月光纺，一直纺到深夜。在刘胡兰的带领下，不论白天黑夜，不论阴天雨天，寒冷的冬季里，云周西村到处是纺车“吱吱扭扭”的转动声。

由于大家共同努力，云周西村提前两天完成了为八路军纺线的任务。最后全县评比，云周西村的纺线任务完成得最快，也完成得最好。县政府特别奖给云周西村两个笔记本，笔记本的扉页上，写着“支前模范”四个大字。

接着，云周西村又接到了支前任务。这次是赶做 200 双军鞋。

做鞋，也是刘胡兰打小就要干的事情。这次，刘胡兰接受了分配纺线任务的教训，事先做了充分的准备。她们首先制订了军鞋标准：一双鞋一斤重，鞋底一指厚，一只鞋底至少要纳 500 个针码……针对一些妇女提出不会搓麻绳，有的提出不会做鞋帮、不会剪鞋样，刘胡兰和几个有经验的妇女研究出一个好方法：让大家分工协作，八仙过海，各显其能，会纳鞋底的纳鞋底，会做鞋帮的做鞋帮，会剪鞋样的剪鞋样。同时由干部带头动手，精心细作，为大家做军鞋提供样板。

分工协作，是人类社会发展的重要推动力量。刘胡兰她们发明的分工协作做军鞋的办法，自然取得了良好效果，只用了七八天时间，200 双军鞋大部分就做好了。刘胡兰既忙着完成自己的做军鞋任务，又要验收做好的军鞋，还要督促没做好的赶紧做。看着一大堆做好的军鞋，双双做工精细，质量过关，刘胡兰心里十分高兴：云周西村的乡亲们多好啊！

就在这时，冒出来一双不合格的军鞋。

一天傍晚，地主婆段二寡妇来交自己做的军鞋。刘胡兰检查后，严肃地说："这样的鞋不能收。"

段二寡妇觉得几个小姑娘年纪轻轻的，能懂些啥？就倚老卖老，在观音庙前胡搅蛮缠起来。

刘胡兰她们不吃这一套。刘胡兰把段二寡妇的军鞋高高举在手里："大家看看，针线稀不说，底子又薄又软，分量也不够。这鞋能扭成麻花，能往部队上送吗？"

在大家的一片斥责声中，段二寡妇的脸变成了猪肝色。正当她理亏词穷、下不了台的时候，村农会主任石五则忽然从村公所东屋跑了过来。石五则上来就替段二寡妇打掩护：“这鞋质量好像差点，但也说得过去。”接着回头转向刘胡兰：“不要和她吵了，马马虎虎收下吧。军鞋送上去，谁也不知道是云周西送的，也不会知道是你收的。”

石五则是个抗日老干部，明着又是村里的最高领导，论辈分还是刘胡兰五叔，刘胡兰一向对他很尊重。但听了石五则的话，马上予以回绝：“我不能办这种马马虎虎的事欺骗组织。”

石五则没想到刘胡兰会当面顶撞他。他恼羞成怒，大声喝令：“我做主，把鞋收下！”

刘胡兰断然拒绝：“这鞋里有假！”

段二寡妇有石五则撑腰，也嚣张起来：“谁敢说我鞋是假的？”

刘胡兰当仁不让：“割开就知道了。”

石五则早就看出鞋子有问题，一看刘胡兰要剁鞋，赶忙恐吓道：“好好的鞋，剁了就是搞破坏，谁敢负责！”

刘胡兰毫不退让："我负责！"一斧头下去，撕开鞋底，里面全是草纸。

观音庙剁鞋的事，成了村里的爆炸性新闻。大家十分佩服刘胡兰的勇气和精神。许多妇女认为段二寡妇给云周西村的妇女丢人了，提出开会斗争段二寡妇。当天，刘胡兰把这件事向石世芳等村干部作了汇报。第二天，全村召开妇女大会，段二寡妇不得不当场认错，并答应做几双好鞋补上。

云周西村的妇女工作风生水起，成效显著，在全县都有了名。刘胡兰也受到各级领导的注意。区委决定把刘胡兰作为重点培养对象。1946 年 5 月，根据工作需要和刘胡兰的表现，不满 14 周岁的刘胡兰被调到第五区，任区"抗联"妇女干事，成为一名区干部，同时仍兼任云周西村妇救会秘书，用老百姓的话说，叫端上八路军的饭碗了。

10 红红火火闹土改

离开云周西村，来到区上工作，刘胡兰走上了更大的斗争舞台。她知道，自己身上的担子更重了，对自己的要求更高了，工作也更加努力了。

刘胡兰的职务，是区妇女干事，负责协助吕雪梅做好全区的妇女工作。在战争年代，机关干部既有分工，更有合作，所有工作都必须围绕着当时的中心工作而展开。刘胡兰到区上的第一件工作，就是按照组织的安排，参加在大象镇开展的全县土改试点工作。

土改，就是在农村进行土地制度的改革，破除封建的土地制度。1946 年 5 月 4 日，中共中央发出解决农民土地问题的指示，史称“五四指示”，要求各个解放区不要害怕消灭农村中的封建剥削，并确定了“一条批准、九条照顾”的土地政策，提出在解决农民土地问题时，把对待大地主、豪绅、恶霸与对待中小地主的态度加以区别，对抗属、烈属、干属及开明人士，要“多留下一些土地”，“替他们保留面子”。

中央的“五四指示”，有其特定的历史背景和实际用意。

本来，就党的正常工作开展来说，这时候还在国共合作时期，不到进行土地改革的时候。但中国革命的根本问题是土地问题，土地问题解决不了，中国革命就不能胜利。抗战期间，为了团结一切力量打击日本鬼子，共产党领导的抗日根据地实行“减租减息”的政策。经过抗日战争的洗礼，解放区农民当家作主的观念已深入人心，要求获得土地的愿望日益强烈。因此在抗战胜利后，不少解放区的农民自发地进行了土地改革。由于没有统一的政策规定，不少地方发生了一些过激现象。

作为中国最广大人民群众利益的忠实代表，中国共产党既要恪守与国民党达成的相关协议，又不能忽略农民群众的强烈愿望和切身利益。于是，在各个解放区土改运动已经自发地开展起来的情况下，中共中央下发了“五四指示”，既表明中国共产党的政治立场，又通过“一条批准、九条照顾”，对各地过火的行为予以限制。无疑，“五四指示”是一条相对温和且符合实际的土改政策。

山西的情况还有其特殊性。一方面，山西农民群众为抗战作出了极大牺牲，解放区农民亟须一些实质性的措施，使他们得到休养生息。另一方面，阎锡山也知道土地问题的重要，公开嚷嚷要让农民“耕者有其田”。而阎锡山解决农民土地的办法，竟然是在农村实行土地“公有”。这当然是鸭子喝油——光嘴，实际上是想走周天子“普天之下，莫非王土”的封建老路，但听起来比共产党还激进。阎锡山正是公开叫嚣要以此作为“防共”的根本之法。因此山西解放区的土地改革势在必行。

就是在这样的历史背景下，刘胡兰跟着县土改工作队，来到离云周西村五六里远的大象镇，参加了轰轰烈烈的土地改革运动。她把火一样的热情全部扑到工作上，和同志们一起，每天起早贪黑，深入群众当中，宣传党的指示，发动贫雇农诉苦，斗争村里的恶霸地主。同时帮助群众解决许多家庭纠纷问题，还要负责动员征收公粮、组织群众做军鞋等妇救会的工作。大家觉得刘胡兰年纪不大，但考虑问题全面周到，少年老成，样样工作都很出色，工作队多次对刘胡兰进行了表扬。

也是在大象镇，刘胡兰光荣地加入了中国共产党，成为一名共产党员。这是后话。

大象镇的土改试点工作顺利结束了。按照县委的统一安排，土改工作随即在全县有序展开。云周西村作为老根据地，也被确定为土改村。领导云周西村土改工作的，是3位区干部，一位是吕雪梅，一位是云周西村的老党支部书记、现任区委组织委员的石世芳，一位就是刚刚走出云周西村的区妇联干事刘胡兰。

土改的喜讯像暖融融的春风，吹进了云周西村穷苦百姓的心田。过去满脸愁苦皱纹的贫苦农民，嘴角露出了笑意，眼里现出了希望，脸上也跟着变得平坦顺眼了。被剥削被压迫的庄稼人，感到自己的苦日子快熬到头了，好日子就要来了。

吕雪梅率领土改工作队进村后，紧紧依靠村党支部，广泛发动群众，组织贫农团，大张旗鼓地宣传土改政策。不几天，云周西村就沸腾起来了。可是，在确定具体斗争对象时，又出现了分歧。

云周西村最大的地主恶霸，是石廷璞。他长期在村里专横跋扈，欺压穷人。抗战期间，虽然没有明着投奔日寇，但也见风使舵，和日伪军勾勾搭搭。按照中央的政策规定，刘胡兰提出：打蛇先打头，云周西村的土地改革，要先对石廷璞开展斗争。刘胡兰的意见得到大多数同志的同意和肯定。

但农会主任石五则提出反对意见。当时云周西村的党支部还处在地下活动状态，表面上领导全村工作的，还是村农会。因此石五则算是当时云周西村最大的官了。他明知石廷璞罪恶累累，应是斗争的重点，却有意为石廷璞开脱，提出要先斗争和他有点私人怨气、连富农标准都够不上的老段家，理由是石廷璞家大业大开销大，斗争他捞不到多少油水，没啥意思，老段家这两年开个硝房，斗争他能多分浮财。

石五则的歪理当然遭到了大家的质疑。刘胡兰站起来，严肃地对石五则说："你光知道分浮财，不顾党的政策，这样群众怎么能够发动起来？又怎能从政治上翻身？”

有理有据，义正词严，说得石五则满嘴打嘟噜，吕雪梅带头为刘胡兰鼓起掌来。

实际上，石五则参加革命不少年了，是一个老党员，政策水平还是有的，之所以指鹿为马，颠黑倒白，实乃事出有因。原来，石廷璞害怕土改中被群众斗争，通过段二寡妇，给石五则送去了120 元钱，又给石五则送去一大块猪肉。就这样，苍蝇叮上了有缝的鸡蛋，有缝的鸡蛋被苍蝇叮，为了 120 元钱和一大块猪肉，石五则被彻底拖下水了。

事后，经过刘胡兰仔细调查，弄清了石五则被地主收买的事实，向工作组如实作了汇报。

工作组很快把石五则的问题汇报到区委。区委对石五则进行了严厉批评。之后，又多次对石五则进行教育和警告。但石五则执迷不悟，冥顽不灵，继续和地主恶霸勾结在一起。为了纯洁党的组织，区委研究决定，撤销石五则农会主任的职务，把石五则开除出党。

石五则由此对刘胡兰怀恨在心，半年后做了

可耻的叛徒，出卖了刘胡兰和云周西村的革命群众。之后他假装进步，但纸包不住火，1963 年，石五则受到了人民的严惩。

清除了绊脚石，云周西村的土改工作进行得很顺利。土改工作组发动群众，搜出了石廷璞藏在家里的地契、借约，召开群众大会斗争了石廷璞。接着，全村农民拿着算盘、尺子、绳子，到地里分土地、钉界桩，把石廷璞等地主霸占的好地和井水地分给了贫苦农民。被石廷璞等地主霸占了多少年的土地回家了，贫苦农民多少年的梦想实现了！

村公所门前的空场上，摆满了石廷璞通过剥削霸占的粮食、布匹、金银珠宝，花花绿绿，五光十色，亮光闪闪。云周西村的乡亲们过节一样地拥到广场上，人人笑逐颜开，个个喜上眉梢。按照政策，这些剥削来的东西，一样一样地都还给了人民。真是今非昔比，翻天覆地，大快人心！

云周西村土改工作胜利结束了，土改工作组成员同样十分激动。石世芳用手一指钟楼上那只巨大的古钟："我长这么大，都没有听见过这口钟敲响过。为庆祝土改斗争胜利，让我们敲它一回吧！”

吕雪梅兴奋地说：“好，就让胡兰子去敲吧。”

刘胡兰庄重地答应一声，迈步登上钟楼，抡起钟槌，敲响了大钟。

“咣！咣！咣！”沉默了多年的古钟敲响了！钟声洪亮，余音绕梁，意韵绵长，像春雷隆隆，战鼓咚咚，震荡着云周西村，震撼着文水平川，震响在万里蓝天……

11 面向延安立誓言

自记事起，刘胡兰就经常听人说起共产党、八路军。一开始，听说共产党、八路军是好人。后来，她见到了顾县长；再往后，见到了众多八路军战士。她知道，那就是共产党，那就是八路军，是一心为了老百姓好的好人。而再往后，刘胡兰知道了中国有个延安，延安住着毛主席！

那是 1942 年夏天，八分区敌工站站长刘芳从外地拿回来一批书籍和传单，因临时外出，决定把这批文件暂时寄放在云周西村。当时还是云周西村秘密党支部书记的陈德照，考虑到小孩子保管不会引起外人注意，也为了发挥儿童团团员的作用，将一部分材料交给刘胡兰保管。刘胡兰悄悄地把材料藏到家中的破瓮子里。几天后，刘芳回到村里。刘胡兰把文件完好无损地交给刘芳。刘芳在查看文件时，拿出一张照片，指着照片上的人对刘胡兰说：“这就是毛主席！”

那时候，共产党的党组织和党员除少数因为工作需要而公开共产党员的身份外，其余都处在地下活动的状态，外人根本不知道谁会是共产党员。之后，刘胡兰多次配合八路军打日寇、斗汉奸。她觉得八路军是共产党、毛主席领导的队伍，自己也就是共产党、八路军。进入妇女训练班后，更是认为自己就是共产党，就是八路军了。

直到有一天，刘胡兰听妇训班老师讲了许多共产党员英勇不屈的事迹，被共产党员的英雄壮举深深感动，才感到共产党和八路军的不同。一下课，她就急着找到吕雪梅，充满激情和向往地问：“雪梅姐，共产党和八路军一样不一样？”

吕雪梅含笑望着刘胡兰，耐心地向刘胡兰讲解了什么是共产党，什么是八路军。

就是从那一天起，刘胡兰心中萌生了一个愿望：一定要做一个共产党员！

刘胡兰立志要做一名共产党员，而党组织也对这棵难得的苗子关爱有加。妇训班结束时，刘胡兰对吕雪梅说：“我要争取做一名党的好战士，建立新中国，实现共产主义！”

吕雪梅深情地望着刘胡兰：“胡兰子，你讲得很好。希望你按照自己的誓言去做！”

小荷才露尖尖角，便有蜻蜓立上头。自从决心要成为一名共产党员开始，刘胡兰即自觉地严格要求自己，按照党的安排，积极做好党的工作。由于工作出色，成绩斐然，对党忠诚，刘胡兰很快在全县都有了名气。县长、县委书记都知道云周西村有个刘胡兰，县区党组织都在关注着刘胡兰的成长和进步。按照党组织的要求，吕雪梅多次和刘胡兰进行谈话，启发她对党的认识，进一步提高刘胡兰的思想觉悟。加上云周西村缺少妇女党员，出于工作需要，1946 年 5 月，区党委开始研究刘胡兰的入党问题，决定由石世芳和吕雪梅作为入党介绍人，负责对刘胡兰的组织培养工作。

经过一段时间的工作，大家认为，刘胡兰已经基本上具备了共产党员的标准，可以加入党组织。当年 6 月，区党委在大象镇召开会议，专门讨论刘胡兰的入党问题。根据刘胡兰的工作表现，大家一致同意刘胡兰加入中国共产党。

按实际出生年月计算，这时的刘胡兰，实际上只有 13 周岁，依照今天的标准，还不到入党年龄，甚至不到入团的年纪。不过在党的七大之前，很长一段时间没有入党年龄限制。在抗战期间，为了建立抗日民族统一战线，共产党撤销了中国共产主义青年团的组织，这个时候依然没有建立青年团的组织，因此达到党员条件的青年，可以直接加入共产党。但党的七大党章规定，党员在年满 18 周岁以前，只能是候补党员，待年满 18 周岁，再转为正式党员。因此区委书记专门对刘胡兰的入党年龄问题作了说明："为什么党组织要吸收这样一位年轻的女同志入党呢？因为刘胡兰从小参加革命活动，努力为抗日工作，对党忠心耿耿。"

6 月的晋中，是一年里平川最美丽的季节。一眼望不到边的高粱、玉米、谷子，随风翻起绿色的波涛。金灿灿的阳光下，文水平川显得分外开阔绚烂，吕梁群山显得更加青翠巍峨。

这一天晚上，大象镇土改工作组开完会后，身为区委组织委员的石世芳叫住要回云周西村的刘胡兰:“咱们出去走走。”

此时，正是农历六月中旬，夜深人静，晚风习习，银盘似的一轮明月高挂在夜空中，蓝天如洗，白云流动，宛如白昼。刘胡兰跟着石世芳，走出村外，走上了护村堰。绿油油的庄稼苗在身边噌噌地拔节，远处传来一阵阵愉快的蛙鸣。

石世芳停下脚步，站在堤堰上，对着刘胡兰一字一板地说:“胡兰子，党组织已经批准了你的入党申请。”

刘胡兰明显感到自己的心在激烈地跳动，浑身的血液在汹涌地奔腾。她透过眼眶里噙着的泪水，看着那碧蓝的天空，雄伟的山影，奔腾的汾河，拔节生长的庄稼……

石世芳再次给刘胡兰讲了党的知识，上了一堂党课。最后说道:“村里没有党旗，你就朝着延安，朝着毛主席住的地方宣誓吧！”

刘胡兰转向西南方向，在皎洁的月光下，高高举起右手，握紧拳头，庄严地向党宣誓:“我志愿加入中国共产党，坚决遵守党的纪律，保守党的秘密，努力学习，努力工作，永不叛党，做一个真

正的共产党员！”

这天夜里，刘胡兰躺在炕上，翻来覆去难以入睡。多么激动人心的夜晚啊，这是自己有生以来最难忘的一天！从今以后，自己就是一名共产党员，成为党的人了，自己的一切完全属于党了。她下定决心：不怕流血，不怕牺牲，困难面前不低头，敌人面前不屈服，为共产主义奋斗终身！

12 打破封建求自主

男大当婚，女大当嫁，一般人是如此，英雄也概莫能外。但在旧社会，婚姻讲求的是“父母之命，媒妁之言”。追求恋爱自由，实现婚姻自主，是中国妇女几千年的心愿。随着抗日战争的蓬勃开展，妇女走出家门，走向抗日战场，传统的婚姻观也在发生变化。20世纪风靡一时的小说《小二黑结婚》，就是1943年在山西的地面上，由著名作家赵树理根据真人真事编写出来的。

在刘胡兰短短的一生中，经历了两次订婚，一次热恋。3次与婚姻相遇，3次与婚姻分手，体现出女英雄柔情似水、冰清玉洁的道德品质，演绎出一部妇女婚姻解放的全史。

父母之命——退回！

1946年开春，刘胡兰刚满13周岁。今天人们计算年龄，生下来满 365 天，过了一个生日，才叫 1 岁。刘胡兰所处的年代，呱呱坠地的那一天就是 1 岁，过一个生日就是 2 岁。因此这一年刘胡兰被说成 15 岁。加上个子比同龄女孩子高大，模样俊俏又聪明能干，十里八乡早已声名远播。“好女不出村”，周围年轻的小伙子嘴上不说，心里肯定都有想法。当时山西农村盛行早定亲、早结婚的习俗，13 岁已经是个不小的年纪了。

2 月的一天，胡文秀把刘胡兰叫过来，含笑对她说：“咱村陈德邻他爹托人来提亲，我和你爹商议，陈家人缘好，日子也不错。人家把彩礼都拿来了，过几天就换帖，你觉得咋样？”

刘胡兰认识陈德邻，小伙子浓眉大眼，性格开朗，壮壮实实，从小劳动好，思想进步，算得上一个阳光青年，重要的是已经在县上参加了革命工作。于是刘胡兰点点头，同意了。看来父母之命也有称心如意的时候。

可是，陈德邻估计早就看过了《小二黑结婚》的小说，已经开始自主了，不声不响地就在外边恋爱订婚了。一天，陈德邻从县上回到家，父亲告诉他与刘胡兰订婚的事。陈德邻一时愣住了，他对父亲说明了情况。第二天，陈德邻按照新式婚姻的做法，主动约刘胡兰来到村外。刘胡兰一听，十分通情达理："我不知道你在外边的情况，现在知道了，咱们就应该退了。"

刘胡兰回到家，说服了父母亲，把这门亲事退了。

分手还能做朋友，是很需要胸怀的。多少年后，88 岁高龄的陈德邻回想起这件事，依然十分感慨：刘胡兰很开朗，品德很好，不仅归还了他家的订婚礼，后来还参加了他的婚礼。

媒妁之言——作废！

刘胡兰的第二次订婚，是媒妁之言。1946 年秋天，这时刘胡兰已经是一名共产党员。一天，本村一位红娘给胡兰子说亲来了。胡文秀问："谁？"答："白梅。"刘家和白家是隔院邻居，白梅眼下在太谷县城一家药铺当学徒，平时很少回家，但过去和刘胡兰很熟。刘胡兰和母亲商量了一番，同意了这门亲事。

这时候，刚入党的刘胡兰还不知道在战争年

代，共产党员的婚姻情况必须向党组织报告。农历八月初十这天，刘胡兰和吕雪梅研究完工作，出于对大姐的信任，顺便把自己订婚的事告诉了吕雪梅。

吕雪梅是刘胡兰的入党介绍人，又是她的直接领导。刘胡兰讲罢，吕雪梅沉思着说：“太谷县城现在受阎锡山的军队统治，白梅在那里的情况你知道吗？”

白梅当学徒，很少回家。刘胡兰不知道白梅现在的情况。

吕雪梅拉着刘胡兰的手说：“共产党人主张婚姻自由。但是共产党员订婚，一定要考虑一下对方的政治条件，这是一个共产党员必须注意的问题。订婚问题，你再考虑一下吧。”

刘胡兰知道了，原来组织上有规定！回到家里，她对妈妈说：“妈，跟人家说说，咱现在不能和他订婚。”胡文秀奇怪地问：“说得好好的，怎么又变了！”刘胡兰坚决地说：“是我没有考虑好，不行就是不行！”胡文秀知道劝不过女儿，只好觍着脸把这门亲事又给废了。

心心相印——初恋！

王本固是刘胡兰一生唯一真心相爱的恋人，刘胡兰是王本固一辈子刻骨铭心的初恋。

王本固生于河北大平原上一个农民家庭，16岁参加八路军，此后又加入中国共产党。他革命坚决，作战勇敢。抗战期间，经常随部队出入云周西村一带，年纪轻轻就成了大家都知道的王连长。

1946年10月底，恶劣的战争环境使王本固染上严重的疥疮。疥疮，属于传染性皮肤病，主要病症是让人瘙痒难耐。人感染疥疮后，皮肤越柔嫩的地方发病越严重，越到夜晚瘙痒得越难受，瘙痒起来忍不住就要抓挠，一旦抓破挠烂就开始流血水黄水，传染得也就更加厉害。这时王本固已不能随部队行动，在部队开拔前，被安排到云周西村疗养。刘胡兰具体负责王本固的疗养工作，她把王本固安置在一家可靠的军属家里。

王本固的疥疮已经开始周身感染，不少地方开始溃烂，流出的脓血发出难闻的怪臭味。一天下午，王本固脱下又脏又臭的衣服，涂上新药。正穿衣服时，有人“当、当、当”敲门。他急忙裹紧衣服，一脚将脏衣服踢到床下，这才开门。

门开了，刘胡兰走了进来，大大方方地向王本固作自我介绍："我叫刘胡兰，从现在起，我开始负责照护你，需要什么就跟我说吧！"说着，顺手把床上的单子、床下的脏衣服扯了起来："今天先洗这些。"

王本固还是个年轻小伙子，见一个姑娘家要为自己洗脓衣，很不好意思，慌忙说："我这病传染得可厉害了，要用开水烫了再洗。""不要紧，没那么厉害。"刘胡兰用床单裹上脏衣服，利索地出了门。就这样坚持了几天，在刘胡兰的精心护理下，王本固的疥疮基本上快治愈了。

经常去烧水、做饭、敷伤、换药，接触得多了，交谈得多了，彼此相互了解了，两颗年轻的心灵相互碰撞，闪出了爱情的火花。

两个星期后，王本固接到归队的命令。他首先想到的是告诉刘胡兰。夜晚，刘胡兰风尘仆仆从外村赶了回来，急问："要走吗？""根据敌情，我要回部队了。""那什么时候再回来呢？""没走多远，可能很快就回来了。"事到临头，王本固倒说不出口了，他拿出营长牺牲时留给他的一块手帕，递给了羞怯的刘胡兰。刘胡兰慢慢接过手帕，泪水模糊了她的双眼。

两天后，王本固被请进了刘胡兰家。刘胡兰红着脸给爹、妈和王本固各敬了一杯酒，算是订婚了。饭后，王本固要走了，刘胡兰起身相送。路上，王本固对刘胡兰说："组织上只同意我们现在订婚，结婚还要再等一等，战争也没有结束。"刘胡兰娇羞地说："别想那么多，我懂，订婚就行了呗，我还小。"

初恋即是终恋，心心相印却不能生死相守。爱情的花朵曾经热烈绽放，却只有短短 3 个月的时间。刘胡兰牺牲后，王本固悲痛欲绝，把对刘胡兰的爱全部用到弹雨纷飞的解放战场上。因作战勇敢，战功卓著，到 1949 年的 4 月，一次太原攻城战斗下来，王本固由王连长升为王团长。他骑上高头大马，风尘仆仆又来到云周西村，他想按当时农村的风俗习惯，还做刘家的女婿。但这时刘爱兰已经参加了西北解放军，年龄也确实太小，被刘胡兰的父亲拒绝了。王本固团长就是在那次下狠心领走了云周西村的另一位姑娘，两人一直白头到老。在他的心中，云周西村的姑娘是天底下最美的，云周西村就是刘胡兰，刘胡兰就是云周西村。

1955 年，王本固被授予中国人民解放军中校军衔，此后又升任师长。王本固心里一直珍藏着对刘胡兰的怀念，刘胡兰的音容笑貌一辈子都在他脑海中浮现，抹不去，擦不掉，直到永远！

13 迎着风暴去战斗

1946年6月，蒋介石公开撕毁国共停战协定，叫嚣要在3个月内消灭共产党领导的人民军队，解放战争全面爆发。当年10月，国民党反动派向解放区发动了所谓的重点进攻。乌云翻滚，炮声隆隆，晋中平川上空浮云蔽日，波谲云诡，敌我斗争形势一天比一天紧张。

为了保卫抗战胜利果实，以自卫战争粉碎蒋介石和阎锡山的军事进攻，和全国各个解放区一样，文水平川也掀起了参军参战的热潮。成千上万翻了身的贫苦青年，纷纷要求参军上前线，反击国民党反动派。刘胡兰一边参加秋收，一边做区里的参军动员工作。她走遍周围七八个村庄，召开青年会议和老人、妇女座谈会，把一批又一批青年送上了保卫解放区、保卫家乡的征途。

就在文水平川的人们紧张地进行秋收的时节，蒋介石、阎锡山调集大批敌军，向晋察冀解放区和晋绥解放区等地发起疯狂的进攻。10月间，中共文水县委在信贤村召开会议，主要研究两个问题：一是决定一部分干部坚持平川活动，一部分转移上山；二是组织武工队，展开对敌武装斗争。刘胡兰也参加了县委召开的这次会议。

天空，阴云密布；西山，巍然怒耸。平川将再次燃起战斗的烽烟，汾水将继续擂响激昂的战鼓。

信贤村会议结束后，刘胡兰和吕雪梅并肩走出村子。吕雪梅对刘胡兰说，根据斗争形势的变化，区委考虑到刘胡兰的安全，决定让她转移上西山，留下吕雪梅坚持在平川工作。

党组织的关怀，同志们的爱护，使刘胡兰感到周身温暖。她向往西山热火朝天的战斗生活，很想到老根据地去看一看。但她略作思考，郑重地对吕雪梅说："我要求留下来，行吗？"

吕雪梅很意外："为什么？你不是一直盼着到西山学习吗？"

刘胡兰恳切地说：“雪梅姐，你不是常说革命者要走向风暴吗？眼下风暴就要来了，这不正是接受锻炼的好机会吗？”

吕雪梅说：“但留下来就会有很多危险。”

刘胡兰说：“你不怕，我也不怕。现在大批干部都走了，留下的工作肯定更多。我留下来，能够多一份力量。再说，好多人不知道我是共产党员，这里的情况我又熟悉，便于隐蔽。”

刘胡兰说的在理。区党委经过研究，同意刘胡兰留在平川，和吕雪梅一起坚持对敌斗争。刘胡兰无畏的斗争勇气，不考虑个人安危的革命精神，也深深地感动了同志们。

天昏地暗，云迷雾锁，狂风夹着雨丝，劈头盖脸地抽来。整个文水平川笼罩在一片白蒙蒙的湿云浓雾里。

留在敌占区坚持斗争的刘胡兰和吕雪梅，开始还可以公开露面，能够挨家挨户检查公粮的埋藏情况，做好各种善后工作。到 11 月中旬，阎锡山鼓着肚子叫喊的“水漫式进军”开始了，敌人几个师的兵力都向文水平川气焰熏天地漫压过来。一些

暗藏的特务分子、反动地主富农、流氓地痞，都趁机活跃起来，蛇蝎出动，死尸还魂。他们和蒋阎匪军互相勾结，狼狈为奸，建立反动政权，成立反动武装，又骑到老百姓的头上作威作福，同时到处抓捕革命干部，枪杀革命群众。平川形势一天紧过一天。刘胡兰她们已经不能公开活动，只能白天躲在野外，黑夜摸到村里找村干部了解情况，鼓励群众坚持斗争，研究对付敌人的办法。

蒋阎匪军的枪声一响，云周西村被斗垮的恶霸石廷璞就像死而复苏的僵蛇，蠢蠢欲动，成妖作怪。他把村里一个叫石佩怀的恶棍无赖喊到家里，密谋对付村里的八路军和革命群众，并向蒋阎匪军推举石佩怀为云周西村的伪村长。

石佩怀，外号石狗子，是个见利忘义、没脸没皮的泼皮赖货，勾搭上石廷璞，就像饿极了的疯狗叼上了一根肉骨头，甘心情愿为蒋阎匪军卖命。经过串通、勾结，驻扎在原来大象镇日军据点里的恶霸地主、蒋阎匪军的复仇队长吕德芳，多次在蒋阎匪军指使下，带着地痞无赖到云周西村恣意妄行，胡作非为，逮捕共产党员的家属，焚烧共产党员家的房子，在老百姓家乱搜乱抢，怙势凌弱。石狗子蝼蚁得志，狐鸣枭噪，跟着吕德芳的复仇队为非作歹，替石廷璞反攻倒算，卖力为蒋阎匪军催粮要款、提供情报，四处打探八路军公粮的埋藏地点，探听区干部和革命群众的下落，公开威胁村里的八路军家属："八路军不行了，快让你们的人回来投降国军！"石佩怀已经成为货真价实的反革命分子，严重危害到我地下党和革命群众的安全。

严冬覆盖着平川，严寒笼罩着大地。在这样艰苦的条件下，刘胡兰、吕雪梅和区武工小组一起，齐心协力在敌占区进行斗争，尽力保证地下党组织和革命群众的生命安全。他们钻树林，爬山坡，东奔西走，东闪西躲，吃饭没一定时间，住宿没一定地方，有时一夜就得转移四五次。遇到机会，就对"勾子军"和为非作歹的狗腿子狠狠敲打一下。

一天深夜，武工小组得到消息："勾子军"包围了南白家庄，正在抓捕留在村里的革命干部。吕雪梅和刘胡兰与武工队队员立即出发，赶去解救。

北风凛冽，夜色朦胧。武工队员像插翅的猛

虎，扑到南白家庄，出其不意地打了“勾子军”个措手不及，把被敌人包围的村干部解救了出来。但撤退时，刘胡兰和吕雪梅被冲散了。天将拂晓，刘胡兰冲出了敌人的包围圈。她隐蔽在一片坟地里，左等右等，不见吕雪梅的影子。她想，吕雪梅如果冲出包围圈，很可能到云周西村去找自己。于是决定先返回云周西村。

平川上到处有敌人，刘胡兰只好绕道行进。走了一天，傍晚时分，来到离云周西村四五里地远的东堡村妇救会主任家。正在询问情况，忽然云周西村的方向传来枪响。刘胡兰的心里更急了。为防备意外，刘胡兰把区委的重要文件交给妇救会主任藏好，然后迎着枪响的方向，急步朝云周西村走去。

事后才知道，吕雪梅和刘胡兰走散后，也找不到武工队。由于一个人难在平川立足，根据斗争形势的发展变化，吕雪梅决定先进山里向组织进行汇报。自此以后，吕雪梅再也没有见到刘胡兰。刘胡兰英勇就义后，吕雪梅把自己的名字改为“吕铭”，以永远铭记这位可爱可亲可敬的战友！

这时候，附近村子的人们知道刘胡兰是区干部，但几乎没有人知道刘胡兰是共产党员。刘胡兰回到村里，找到地下党员郝一丑和八路军的秘密交通员石三槐，向他们了解村里的情况，接着，又和几个积极分子取得了联系。群众见到刘胡兰，就像见到久别的亲人，纷纷控诉蒋阎匪军的残暴，诉说石佩怀为非作歹、祸害乡邻的罪行。让刘胡兰特别警惕的是，已经被组织安排进西山的石五则，不知道为什么又回到了村里，石佩怀知道石五则过去为八路军办事，这两天正费尽心机接近拉拢石五则。大家都很担心，说石佩怀是个祸害，建议刘胡兰赶紧向上级反映，割掉这个脓包。

刘胡兰一面稳定大家的情绪，一面让石三槐尽快和区上进行联系。几天后，石三槐和区武工队取得了联系，汇报了云周西村的情况。其中特别提到，石佩怀已经成为云周西村的一个大祸害，群众强烈要求镇压石狗子。

区委的指示很快来了。12 月 21 日晚上，雪花纷飞，朔风正紧，地上铺起厚厚的一层白雪。在预定的地点，陈德照区长带着武工队和刘胡兰接上了关系。陈区长告诉刘胡兰：县政府已经批准，坚决镇压石佩怀这个阎匪走狗，以保护革命群众，警告其他匪徒，动摇敌人所谓的“人心政权”。

一切安排妥当，由刘胡兰在附近放哨，石三槐领着几个武工队员，踏着积雪，穿过小巷，来到石佩怀的院门口。几个人翻过院墙，直奔石佩怀的住房，将正在炕上思谋着怎样才能卖身求荣多发财的石佩怀拉了起来，叫他去见陈区长。

石佩怀自知这段时间作恶不少，在枪口的威逼下，提心吊胆地来到村外的护村堰上。一见陈德照双手叉腰，一脸正气，知道自己干的那些勾当败露了。大祸临头，大事不妙，他结结巴巴地问：“陈、陈区长，叫我狗子有、有什么事？”

陈德照厉声喝道：“石佩怀，你效忠阎匪，残害百姓，危害革命，罪大恶极！我代表文水县人民政府，判处你的死刑！”

“叭叭”两声枪响，彻底敲碎了石狗子升官发财的美梦。

刘胡兰和武工队员们连夜把文水县人民政府的布告、传单、标语贴在十字街头，撒到村边路口。第二天，风停雪住，红装素裹，老百姓一清早起来，就看到了布告、传单。石佩怀被镇压的消息，马上在当地传开了。群众七嘴八舌地悄悄议论着：

“可给咱们除了个大祸害！”

“老八路又回来了？”

“嗨，八路军就没有走！”

镇压了石佩怀这个蒋阎匪军的走卒，对群众是一个巨大鼓舞，对蒋阎匪军是一个严厉打击，起到了杀一儆百的效果。之后，当地很少再出现像石佩怀这样处处与八路军作对、死心塌地为蒋阎匪军卖命的狗腿子，共产党地下政权派下的公粮、军鞋、布匹，好多村的伪村长都乖乖按照指定的地点，主动送到山里，交给人民政府。

14 大义凛然赴刑场

1947 年的阳历新年过去了。寒冬腊月，万物凋零，汾河结着厚厚的冰层，寒风摇撼着挺立的白杨。但冬天过去就是春天，万物生灵都在这严酷的冬季孕育着新的生命，准备迎接温暖的新春。

内战全面爆发后，蒋介石的进攻处处受挫，全线失利。到 1946 年年底，人民军队歼灭了进犯解放区敌军的 1/4，以每月平均歼敌 8 个旅的辉煌战绩，沉重地打击了国民党和蒋介石的气焰。蒋介石对解放区的全面进攻被粉碎了。中国共产党号召全国人民团结起来，彻底打垮蒋介石，为建立独立、和平、民主的新中国而奋斗。两个中国命运的历史决战全面开启。

人民战争的进军炮声和云周西村反动村长被镇压的消息，一齐扑进了大象镇。驻扎在这里的蒋阎匪军72师215团1营营部就像是被捅了几竿子的马蜂窝，营政治特派员大胡子张全宝等几个匪军头目坐卧不宁，鸡飞狗跳，惶恐一片。敌72师师长艾子谦挨了上司的训斥，艾子谦又严厉训斥大象镇的下属。新年刚过，艾子谦就来到大象镇督战，亲自带着张全宝和吕德芳复仇队等匪军，于1月8日突然袭击了云周西村。

这次敌军突袭，是依照石廷璞、石佩怀等人之前的密报有备而来。敌人直接逮捕了八路军的秘密交通员石三槐、云周西村的民兵石六儿，以及曾是共产党员、干过农会主任的石五则。敌人认为，枪杀石佩怀就是这几个人干的。为了替石廷璞做掩护，敌军还在街上随便逮捕了两个村民，给人以误打误撞的错觉。然后将5个人一起带到大象镇据点。艾子谦临走时命令：严加审讯，一定要掏出云周西村的共产党组织。

在各种残酷刑具的严刑拷打下，石三槐、石六儿满身是伤，血痕累累，却坚贞不屈，只字不露。被开除出党员队伍的石五则，就是因为在西山吃不了苦才偷偷溜了回来，现在还没等敌人用刑，就吓得瘫在地上，向敌人供出了刘胡兰、陈德照带人镇压石佩怀的情报。

张全宝如获至宝，连夜把石五则的口供报到敌团部，敌团长马上到敌师部汇报。第二天，1月11日，敌师长的指令直接下到敌215团1营。当晚，敌营长召开紧急会议，宣读了敌师长艾子谦“速将刘胡兰等扣获，归案法办”的“指令”，要求：“宁可错杀一千，切勿放掉一个！”指定由张全宝和伪连长许得胜带一连人，配备机枪5挺，于1月12日凌晨3点出发，在拂晓前秘密包围云周西村，逮捕刘胡兰和其他革命群众。

就在1月11日这天夜里，刘胡兰整整忙了一个夜晚，把各方面的工作都安排妥当，鸡叫头遍才上炕休息。按照组织安排，就是今天，即1月12日，刘胡兰就要到北齐村找陈德照区长接头，与其他同志一起奔赴西山。虽然忙了一夜，刘胡兰这时仍在思索回想着：留下的文件是不是全部处理好了？村里的工作是不是都交代清楚了？还有哪些干部家属、军属会有危险？

就在石三槐等人被逮捕的那天晚上，刘胡兰

确定了一批可能有危险的同志向山区转移。陈德照区长也专门带着武工队，赶了几十里路，来接应刘胡兰上山。陈区长还告诉刘胡兰，吕雪梅已经安全上山，并捎来口信，说在山上等着刘胡兰。

知道吕雪梅安全到达西山，刘胡兰心里一块石头落了地。但考虑到石三槐等人刚被敌人抓走，需要开展营救，她着急地问：“抓起的人怎么办？能不能想办法救他们？”

陈德照告诉她，过来时不知道这个情况，来的同志太少，大象镇又是敌军的重要据点，无法展开营救，等回到西山后由组织想办法。陈德照要求刘胡兰马上跟同志们一起走。

刘胡兰知道，多留下来一天就会多一分危险。但她想：村里有些工作还没有完全安排好，区委的重要文件还藏在东堡村妇救会主任家里……因此要求再留下来两天，把所有问题处理好后再上山。陈区长看到刘胡兰的态度十分坚决，同意了她的请求，并约定 1 月 12 日为接头时间。

在陈区长离开的这两天里，刘胡兰把能办、该办的事情都办好了。马上就要奔赴新的战场，进入自己朝思暮想的老根据地，刘胡兰心里翻腾着战斗的激情。她索性不睡了，一跃身坐了起来。

就在这时，“喔！喔！喔！”报晓的雄鸡叫了。家里人知道刘胡兰今天就要奔赴西山，都非常高兴，跟着起来帮助刘胡兰收拾东西。今天是腊月二十一，再过两天就是阴历小年。全家人都明白，今天过去，一家人再见面就不知道是啥时候了。尤其是妹妹爱兰子，知道姐姐要走，心里非常难受，点点泪花变成大颗泪珠，扑簌扑簌从眼眶里滚落下来。刘胡兰爱怜地搂过妹妹，对妹妹交代自己走后的事情。

突然，远处传来了阵阵狗叫，叫声越来越急，越来越狂，在黎明时分显得特别恐怖。不一会儿，爹爹慌慌张张挑着两半桶水进来，着急地对刘胡兰说：“今天不对劲，刚才有生人在咱们家门口探头探脑，可别是冲你来的，要不你现在就走吧！”

但就在这时，外面传来“嘡！嘡！嘡！”的敲锣声，锣声里夹杂着嘶哑的喊叫：“全村男女老少都到大庙集合咧，都到大庙集合咧……”

原来，阴险的敌人首先偷偷包围了村庄，然

后才进村搜查。街上到处是三三五五的阎匪军和复仇队。被逼着走出家门的乡亲，男男女女，老老少少，在寒冷的冬晨，顶着凛冽的寒风，有的抱着孩子，有的拄着拐杖，人人迈着沉重的脚步，成群结队地慢慢移向村南大庙。

出村已经不可能了。爷爷从北屋里跑过来，急急地说:“咱家藏不住了，快到个邻居家躲躲吧。”

一句话提醒了胡文秀，她一边推着刘胡兰向外走，一边说:“到隔壁金钟大嫂家，她生下孩子才几天，‘勾子军’要查，就说是伺候‘坐月子’的。”说着，就把刘胡兰推到自家院墙的断口处，让刘胡兰跳进了隔壁大嫂的院子。

刘胡兰走到大嫂的窗户下，轻轻敲着窗格:“金钟嫂子，我能进去吗?”

屋里传来金钟嫂的声音:“能，快进来。”

刘胡兰进到屋里，看见里面已有好几个妇女，还有一个专门伺候月子的小姑娘。外面的锣声一阵紧似一阵。刘胡兰瞅瞅炕上的产妇和婴儿，看看其他几位乡亲，担心如果敌人进来搜查，自己肯定会连累大家，连产妇和婴儿都会有危险。不行，不能留在这里！刘胡兰转身就走。

屋里人一见刘胡兰要出去，一齐急忙劝说：“胡兰子，别出去！”

刘胡兰知道，出去就意味着危险，甚至丢掉生命。可自己是共产党员，不能让群众受到伤害。她安慰大家：“不碍事，我另找个地方去！”说完，走出了金钟嫂的院子。

事后据金钟嫂叙述，刘胡兰刚走，大象镇复仇队的武金川等匪军果然来到家中，里里外外进行了严密搜查。正是刘胡兰的舍生忘死、自我牺牲，保证了孕妇和新生幼儿的生命安全。

刘胡兰来到街上，看到四周都是匪军，有的拿着枪挨家挨户地搜查，有的虎视眈眈地把着路口，护村堰上密密层层布满了敌人的岗哨。接着，敌人押着陈区长的大伯陈树荣，贫农团委员刘树山，给八路军送过情报的石世辉，骂骂咧咧地走了过来。刘胡兰马上意识到，敌人是有备而来，自己今天难脱魔爪。而不远处，看见刘胡兰的石廷璞一脸奸笑。

只有去会场的一条路！刘胡兰知道，敌人正在那里等着她，被捕、受刑、牺牲，已经摆在面前。刘胡兰仿佛看到会场上敌人冷森森的刺刀，看到敌人黑洞洞的枪口，看到敌人血淋淋的皮鞭……但既然躲不开，刘胡兰反而平静了下来，坚定地对自己说："能闯就闯，不能闯就算。就是死，也要死得光荣硬气。只要有一口气，就要和阎匪军战斗到底！"也就在这一瞬间，她的眼前浮现出顾县长和众多英勇牺牲的共产党员的形象，耳边回响着自己在皎洁月色中面向延安发出的铮铮誓言……

观音庙前是一个大场地，有五六亩的面积，是平时全村乡亲看戏和集会的场所，现在却显得一片恐怖狰狞。被敌人抓来的四五百个乡亲，在敌人的刺刀威逼下，紧紧挤在一起。会场四周，敌人的机关枪张着黑洞洞的枪口。匪徒们把男人和女人分开，正在按照黑名单抓人。一会儿，因病回乡的原八路军战士张年成被敌人从人群里抓了出来，匪徒们将他五花大绑，押进了大庙。

天空布满了乌云，会场的气氛阴森可怕。见过日本鬼子烧杀南胡家堡暴行的胡文秀，一见是这种场面，心一下子缩得很紧很紧，寒冬腊月，冷风刺骨，手心却捏出了汗：胡兰子啊，千万要藏好，千万别出来啊！

忽然，有人从后面拉了拉她的衣襟，轻声喊道：“娘！”

胡文秀一转身，是刘胡兰！她大吃一惊：“你咋来了？”

刘胡兰低声说：“我不能连累乡亲。”

敌人的搜查就要到刘胡兰这里了。大家都看清了，敌人是在找刘胡兰！刘胡兰知道，严峻的考验就要来了。

生死面前，阴阳之间，刘胡兰十分平静。趁敌人还没有来到跟前，她略一思索，从手上轻轻脱下一个指环，然后从身上拿出一个白手绢，里面有一只空空的清凉油盒。刘胡兰用依依不舍的眼光看看手绢，看看清凉油盒，看看指环，这是她身上仅有的 3 件物品。她用双手交给了母亲。

胡文秀什么都明白了：这 3 件随身之物，都是刘胡兰的命啊！指环，是奶奶临终时脱下交给孙女的，代表着 15 年苦命相依的奶孙情；手绢，是王本固临走时留给刘胡兰的定情之物，寄托着刘胡兰的美好期待和曾经的幸福；而一个比指甲盖大不了多少的空清凉油盒，是刘胡兰搞土改时，因熬夜多害眼病，石世芳送给她治眼病用的，代表着组织上的关怀，清凉油早用完了，小小的空盒子却被刘胡兰精心保存着。生离死别时刻，刘胡兰把身上仅有的3样物品交给母亲，说明刘胡兰下定了为革命献身的决心。胡文秀双手颤抖，嘴角抽动着，喊了声："胡兰子！"就再也说不下去了。

刘胡兰平静地安慰亲人："娘，别难过！你把东西藏好，以后交给同志们。要咬着牙挺住，绝不向敌人求饶！"

胡文秀从刘胡兰的话中得到了极大力量。她含着眼泪，把3件物品藏到怀中："胡兰子，我懂了！"

这时，吕德芳的复仇队带着"勾子军"，凶神恶煞般地向刘胡兰这边走来，吆喝着，嗥叫着，指名道姓要抓刘胡兰。

气氛陡然紧张到极点！云周西村的妇女们，紧紧围住刘胡兰，那边的男人们，决堤潮水一般涌了过来，要保护刘胡兰。全村的群众睁着怒目，攥着拳头，一起跟着怒吼起来。

站在大庙门前的匪连长许得胜，根本想不到会发生这种情况。他恼羞成怒，倏地拔出手枪，放开嗓子吼叫：“胆大包天，要造反了！谁敢再动一下，我就枪毙他！”接着哗啦一声，子弹顶上了膛。其他匪兵一看，也哗哗地把枪顶上了火。

刘胡兰知道，这帮禽兽不如的匪徒，什么丧心病狂的事都能做出来。她霍地拨开人群，跨前几步，挺身而出：“逞什么凶！不准伤害乡亲！”

惊天怒喝，义正词严，大义凛然！张牙舞爪的匪徒们，竟然愣住了，一个个面面相觑，无言以对。刘胡兰高昂着头，挺着胸膛，“腾腾腾”地迈步向大庙走去！

15 血溅白雪抒壮志

刘胡兰神色凛然，神态坦然，昂首走进大庙西厢房的门槛，冷冷地扫视着屋内。这里，原是村里各团体联合办公的地方，靠窗台的地方摆着一张办公桌，桌子后边放着一张旧圈椅，靠近门口的地方摆着一条长板凳。过去，刘胡兰经常在这里办公、开会。现在，这里成了敌人的审讯室。

阎匪军官张全宝装模作样地坐在旧圈椅上。他年纪并不大，但左腮上长了颗指头大的带毛黑痣，又故意留着一脸乱蓬蓬的大胡子，看上去鹰嘴鹞目，阴森丑陋。他听说抓住了刘胡兰，心里一阵狂喜：这是72师抓到的唯一一个区干部，撬开刘胡兰的嘴巴，就能破获共产党的县区组织，自己就该升官发财了！但他第一眼看到气宇轩昂的刘胡兰，心里突然暗自发怵。本来，他根本没把刘胡兰放在眼里，觉得凭自己的气势和凶相，上来就能把刘胡兰吓蒙了。看到神情自若的刘胡兰，他知道，这是块硬骨头。于是改变了原打算采用的拍桌子打板凳的恐吓手段，装出慢条斯理的样子："你叫个胡兰子？"

刘胡兰朗声回答："我就是刘胡兰！"

张全宝站了起来："你村的石村长是谁杀的？最近有没有八路军来过你们村？"

刘胡兰轻蔑地回答："不知道！"

张全宝沉不住气，提高了嗓门："你怎么就不知道？"

刘胡兰的声音比他还高："不知道就是不知道！"

张全宝被顶得有些不知所措。他重新坐到罗圈椅上，"嘿嘿"奸笑几声："你不说？已经有人供出你是共产党了。"

刘胡兰知道被叛徒出卖了，脸上毫无惧色："说我是共产党，我就是共产党！"

张全宝心里一喜，紧紧追问："你们区里村里还有谁是共产党？"

刘胡兰高声回答："就我一个！"

张全宝狡诈地说："不能吧，这么大一个区，怎么能只有你一个？其实，你不说我也知道。"

刘胡兰讥讽地说："你知道了还问我作甚？！"

一问一答，一来一往，张全宝一点便宜没捞着。他没有想到自己这样一个刁滑奸诈的兵痞子，竟然被一个小姑娘顶得还不上嘴。他贼眼珠子一转，又站了起来："今天你要是'自白'了，我就放了你，还给你一份好土地。"

刘胡兰轻蔑地一笑："就是给我个金人也不'自白'！"

张全宝恼羞成怒，拍着桌子大吼大叫："你就不怕死？"

刘胡兰豪迈地响亮回答："怕死不当共产党！"

张全宝知道了，威逼利诱对刘胡兰根本不起作用。软的不行，就来硬的。为落实"宁可错杀一千，切勿放掉一个"的指令，这个在"勾子军"里早就失去人性的兵痞恶棍，决定大开杀戒，管他该杀不该杀，一定要杀得让刘胡兰乖乖屈服！为增强杀人的恐吓效果，张全宝和匪连长决定用铡刀杀人！

大庙前的广场上，匪徒们抬来 3 口大铡。铡刀，是过去农民必备的劳动工具，下面是 3 尺多长、半尺来宽的木质铡槽，上面安一把半尺多宽、3 尺多长、10 斤重的钢制铡刀。过去人们喂牛喂马喂驴，不论是青草干草，都要由两个人合作，一人在下面续草，一人在上面使铡，一寸一寸把草铡碎，才能拿去喂牲口。铡草是个力气活，只有身强力壮的壮劳力才能使铡。

铡刀，是老百姓为了生计，利用杠杆原理设计出来的劳作工具。用铡刀铡人，多是从人的脖子落铡，一刀下去，头身分离，身首异处，只有丧心病狂的家伙才干得出来。抗战时期，日本鬼子曾经用铡刀残忍杀害过许多抗日志士；现在，蒋阎匪军又要用铡刀残杀打败过日本鬼子的共产党人！

需要说明的是，滥杀无辜，残害人命，原本就是蒋阎匪军的惯用伎俩：就在这次敌人突袭云周西村的前一天，即 1946 年 1 月 11 日，这个 215 团就在大象镇用铡刀铡死了两个抗日志士；而在这次云周西村惨案发生的第二天，还是这个

215 团，在距离云周西村 30 里的地方，用老百姓干农活使用的铁锹，活活劈死了 17 位村民！蒋阎匪军草菅人命的暴行，凶狠残忍，血债累累，罄竹难书！

刘胡兰被反绑双手，和其他被捕的革命群众一起，被敌人带到了广场上。天空密集着团团阴云，会场上鸦雀无声，观音庙前一片血腥恐怖的气氛。张全宝用野兽般的腔调，凶狠地宣布了用铡刀处死的 7 人名单。7 人中，年龄最大的是陈树荣，已经 71 岁；年纪最小的是刘胡兰，刚过 14 周岁生日。依照敌人的预谋，刘胡兰被排在处死名单的最后。

在众目睽睽之下，在几百个云周西村乡亲的愤怒和惊恐中，惨无人道、惨绝人寰的屠杀开始了！暴徒们最先拉出八路军的地下交通员石三槐。连续几天的折磨，使石三槐的身体变得十分虚弱，浑身满是伤痕血迹，只有双眼依然闪射着威严不屈的光芒。正当石三槐要开口揭露叛徒嘴脸的时候，被敌人安排在复仇队里的石五则率先一棒，将石三槐打昏过去。匪徒们慌忙把石三槐拖向第一口铡刀。

敌人的铡刀凶狠落下。烈士的热血瞬间把雪亮的铡刀染得通红，顺着铡床两侧流向地面，染红了冰冷的黄土地，呼呼散发出不屈的热气。

浓浓的血腥味在大庙前弥漫开来。乡亲们吓得叫喊起来，有些人转过身去，有人用双手捂住眼睛。从小到大，乡亲们何时见过这种血腥场面啊！

看着并肩战斗的战友英勇牺牲，刘胡兰心中万分悲痛，也更增强了对敌人的仇恨，增添了革命的斗志。她紧握拳头，两眼射出严峻而仇恨的目光，盛怒的脸上充满对敌人的鄙视。

本指望用这一招迫使刘胡兰就范，没想到迎来的是这样的目光。张全宝的野兽本性被激怒了，疯狗似的狂吠起来："第二个，第三个，第四个……"

第二个被打晕后铡死的，是云周西村的民兵石六儿；

第三个被铡的是八路军的亲属、区委组织部部长石世芳的哥哥石世辉；

第四个被铡的是英勇抗击日寇、原八路军 12

团因病退伍的抗战军人张年成；

第五个被铡的是八路军的亲属，云周西村党支部书记的伯父刘树山；

第六个被铡的还是八路军的亲属，陈德照区长的伯父、已经 71 岁的陈树荣……

西北风无声无息冰冷地吹过观音庙前的广场，显得格外冰冷，难以抑制的哭泣声在人群中低声呜咽徘徊，越发显得悲戚。一具具惨不忍睹的烈士遗体，被蒋阎匪军胡乱扔在旁边的乱草滩里，一颗颗刚刚还是鲜活灵动的烈士头颅，被匪徒们随便抛在一旁。烈士的鲜血染红了铡刀，染红了枯草。地上到处是烈士们殷红的鲜血，星星点点，成串连片，犹如早春热烈绽放的吕梁山桃花，鲜红艳丽，灿若晨霞。3 把杀人的铡刀，被烈士们的铮铮铁骨崩卷了刀刃，龇牙咧嘴，血腥恐怖。

滥杀无辜、株连五族、灭绝人性这套封建专制统治，在国民党反动派那里是家常便饭。敌人杀红了眼，杀上了瘾，但也越来越心虚，越来越胆寒。

残忍的铡刀和殷红的鲜血，吓不倒英雄的刘

胡兰。凛冽的寒风吹拂起刘胡兰浓密飘逸的短发，她转动被绳索捆绑的身躯，向着吕梁群山凝神望去，青春的脸上透射出几分光荣和自豪。她珍惜青春的生命，那曾经留着的漂亮的长辫子就是证明；她热爱美好的生活，那珍藏的一只空空的清凉油盒就是例证。但她更珍惜共产党员的荣誉，更热爱党的事业！她知道，广场的人群中就有自己的同志，敌人正想通过威吓得到他们想要的东西。为了党的利益，为了同志们的安全，她情愿泼洒热血，掉头去命！

张全宝黔驴技穷，络腮胡子因脸部肌肉抽搐而惊恐地抖动："只要你说句从今以后不再当共产党了，就算你没事了，我马上放你回家！"

刘胡兰鄙视地向他扫去轻蔑的一瞥。

张全宝还不死心："难道你就不怕死？"

刘胡兰字字如铁："怕死不当共产党！"

张全宝气急败坏："你，你……"

刘胡兰一声怒喝，气势磅礴，撼天动地："我咋个死法？！"

张全宝一无所获，两手空空，神经质般地和

许得胜同时发出野兽般的嚎叫："一个样！"

寒风扯起尖厉的嘶鸣，天空飘下片片雪花。漫天洁白的雪花像是一位慈爱的母亲，轻轻抚慰着英雄坚强刚毅的脸庞。刘胡兰一甩身子，摆开身边的匪军，面无惧色，昂首向前，大步走向带血的铡刀。一个共产党员，死，也要死得有血性，有骨气！一个共产党员，死，也要死得有尊严，有担当！

面目狰狞、嗜杀成性的刽子手，如狼似虎，色厉内荏，高扬起血淋淋的铡刀。

铡刀下的刘胡兰，刚毅庄重，自豪无畏，冷冷地怒视着凶残而又无奈的敌人。

张全宝像条被棍棒狠狠击打的疯狗，脸色苍白，歇斯底里，声嘶力竭："给我铡！"

在几百个乡亲惊呼愤怒的声浪中，敌人的铡刀残忍落下。一腔青春热血火山般喷射怒放而出，如道道火光，似颗颗珍珠，像把把利剑，火光闪耀，珍珠溢彩，利剑飞扬！汾水为之呜咽，吕梁为之肃穆，天地为之变色！

用生命捍卫铿锵誓言，用热血点燃革命理想！

1947 年 1 月 12 日，中国共产党的优秀党员刘胡兰，用一腔热血和满腔豪情，保住了党的组织和党的秘密，保住了共产党员的革命气节，英勇地献出了自己的生命。这一天，距离刘胡兰 14 周岁的生日，仅仅过去 3 个月零 3 天。英雄伟大而光荣的生命，定格在永远年轻、永远鲜活的第 15 个年轮！

16 雨过天晴飞彩虹

15 岁的年龄，本应该是歌的年纪、花的季节，是阳光灿烂的日子，是笑语朗朗的生活，是蓬勃向上的青春和光明美好的未来。

15 岁的刘胡兰，则是飞雪中一朵热烈绽放的芬芳红梅，是铡刀下一首坚贞不屈的慷慨悲歌，是天地间一尊洁白无瑕的傲然玉雕！

皑皑白雪，殷殷鲜血，映照出一名革命战士的高尚品格，展现出共产党人的坚定理想信念和崇高革命情怀，虽凄凉而伟大，虽悲壮而光荣，惊天动地，光华万丈，辉耀山河！

刘胡兰牺牲后，其英勇事迹很快被新华社和晋绥日报等新闻媒体报道出来，激励了众多在黎明前夜为新中国殊死奋斗的人们。刘胡兰牺牲后的第 9 天，二区区长陈德照率领一支 100 多人的武装，打回了云周西村。战士们悲愤交加，纷纷表示要为烈士报仇。1 月 30 日，八路军独立第 2 旅撵走了蒋阎匪军，进驻大象镇，旅首长派出 70 多名战士，作为全旅代表到云周西村慰问烈士家属。战士们来到烈士就义的地方。天寒地冻，滴水成冰，烈士们的鲜血和云周西的泥土已经凝结在一起。战士们默默摘下帽子，默默地低下头，默默地跪在地上，每人用手刨出一块渗透着烈士鲜血的冻土，或用手绢裹起来，或用毛巾包起来，揣在怀里，贴在胸口。复仇的火焰在战士们心中熊熊燃烧。

3 天后，2 月 2 日下午，总攻文水县城的战斗打响了。战士们揣着刘胡兰等 7 位烈士带血的泥土，高喊着为烈士报仇的口号，随着激昂的冲锋号声，奋不顾身地冲进了文水县城。仅仅 5 分钟，就全歼守敌，生俘了蒋阎匪军 72 师政治部副主任兼文水县县长唐剑秋以下 1500 余人。杀害刘胡兰的凶手之一、大象复仇队队长吕德芳也被击毙。而在我军打扫战场时，发现攻城牺牲的战士，胸口大都装着一块带血的泥土……

刘胡兰的事迹很快传到转战陕北的党中央。

这时，国民党军刚刚占领了延安，毛泽东正带领中共中央机关转战陕北，以游击战的方式，与全副武装、气势汹汹的国民党军队在山沟里周旋，居住不定，危险重重。3 月 26 日，在陕西省子长县王家坪，中央书记处书记任弼时向毛泽东汇报了刘胡兰英勇就义的事迹。毛泽东被深深地感动了，他问："她是党员吗？""是共产党员，才 15 岁……"任弼时声音有些哽咽。

"刘胡兰，刘胡兰！"毛泽东轻声念着，两眼湿漉漉的。他仰起头，凝视着屋顶。良久，长长吁了一口气，从桌上抓起毛笔，在砚台里蘸呀蘸呀，泪花在眼圈里闪动起来。他望着毛笔出了一会儿神，猛地落下，一挥而就，八个穿云裂石、感天动地的大字跃然纸上："生的伟大，死的光荣！"

这时，离刘胡兰英勇就义刚过去两个多月时间，这时，是中共中央从炮火连天的延安撤退后的第 8 天。在这个生死攸关的紧要关头，全党的领袖在指挥全国战局的百忙之中，为一个年轻共产党员写下这样的文字，既有颂扬缅怀英雄之意，更是为着激励全党和全国人民，不怕牺牲，英勇奋斗，去争取人民解放战争的伟大胜利。很快，新华社广播了刘胡兰的英雄事迹和毛泽东的题词，一个向刘胡兰学习的热潮在各解放区广泛掀起。

1947 年 8 月 1 日，中共晋绥分局追认刘胡兰为中国共产党正式党员。

刘胡兰的精神，激励着无数革命志士和共产党人前仆后继，勇往直前，顽强斗争。烈士的鲜血，浇灌着祖国的每一寸土地，烈士的呐喊，迎来了共和国的灿烂黎明！

“为有牺牲多壮志，敢教日月换新天。”雨过天晴，雄鸡高唱，天地翻覆，1949 年 10 月 1 日，当刘胡兰墓地前第一朵金色菊花傲霜怒放的时候，北京天安门广场上升起了第一面鲜艳的五星红旗！刘胡兰为之衷心憧憬、毕生奋斗、泼洒青春热血的新中国诞生了！迎风飘扬的五星红旗上，浸染着刘胡兰烈士殷红的鲜血，庄严辉煌的共和国国徽里，镶嵌着刘胡兰烈士灿烂的微笑！

在惊天动地的革命风暴和“为刘胡兰报仇”的口号声中，恶霸地主石廷璞被逮捕法办。接着，人民政府发出追捕杀害刘胡兰凶犯的通令。血债要用血来偿，人民群众对刽子手撒下了天罗地网。

匪连长许得胜，在文水解放后，潜伏到山西祁县，当了一家药房的炊事员。他贼心不死，又参加了反动会道门，继续与人民为敌。在镇压反革命运动中，这个血债累累的刽子手被人民政府执行枪决。

蒋阎匪军特派员大胡子张全宝，在太原解放后，逃回了原籍山西运城县运城镇。他自知罪孽深重，隐姓埋名，乔装打扮，剃光了惹人注目的大胡子，忍痛剜掉了腮上长着长毛的黑痣，摆个小纸烟摊，做起了小买卖。但他终究逃不出正义的法网。1951 年，这个死有余辜的刽子手，被公安机关逮捕，绑赴云周西村刘胡兰烈士就义处，首先召开公审大会，然后就地依法枪毙。

从大胡子等罪犯的口供中，在烈士亲友的揭发下，出卖同志换取卑贱生命的可耻叛徒石五则，同样逃不脱人民的惩罚，被逮捕归案，判处死刑。

岁月如流，日月如梭。70 多年来，刘胡兰的形象从来没有因为岁月流淌而模糊过，刘胡兰的英名从来没有因年代久远被遗忘过。在共和国的奋斗历程中，始终伴随刘胡兰青春的呐喊。刘胡兰精神激励着一代又一代中华儿女的奋斗激情，刘胡兰的名字一直在千千万万中华儿女的心灵里震响。

一声汽笛长啸，一条巨龙奔驰，1957 年 1 月 12 日，在刘胡兰烈士英勇就义十周年纪念日的清晨，从首都北京开往山西太原的一列特别快车，沿着铮亮的路轨，披着火红的霞光，载着毛泽东主席书写的“生的伟大，死的光荣”的题词，越过一望无际的河北平原，穿过积雪覆盖的太行山峦，风驰电掣地向前奔腾……

这是毛泽东第二次为刘胡兰烈士题词。1947 年 3 月 26 日，毛泽东曾为刘胡兰写下这八个大字。之后因战火纷飞，战局动荡，送到刘胡兰家乡的题词不幸遗失。1957 年，应刘胡兰家乡人民的请求，毛泽东再次提笔，为刘胡兰写下同样的题词。为一个人两次写下同样的题词，在毛泽东的一生中，仅此一次。

1962 年，邓小平为刘胡兰题词：“刘胡兰的高贵品质，她的精神面貌，永远是中国青年和少年学习的榜样。”

1994年，江泽民为刘胡兰题词：“发扬胡兰精神，献身四化大业。”

时代的列车隆隆疾驶，岁月的长河滔滔奔流。

英雄虽逝，英魂长存。为纪念刘胡兰烈士，弘扬刘胡兰精神，1971年，经有关部门批准，云周西村更名为刘胡兰村；1984年，在英雄生前战斗过的地方，建立了刘胡兰镇；1956年，在刘胡兰英勇就义的地方，建立了刘胡兰纪念馆，经过多年扩建修缮，纪念馆建筑面积达到6.15万平方米。宽敞的广场花坛中央，耸立着高大的汉白玉纪念碑，碑的正面，镌刻着毛泽东的题词：“生的伟大，死的光荣”，金光闪闪，耀眼夺目。大厅后是刘胡兰烈士陵墓，烈士忠骨就埋在正面的高台上，墓前耸立着烈士8米高的汉白玉雕像，栩栩如生地再现了英雄的风采。2009年9月，刘胡兰入选“100位为新中国成立作出突出贡献的英雄模范人物”，刘胡兰纪念馆也被授予“全国百个爱国主义教育示范基地”“全国青少年教育基地”等称号。

刘胡兰的名字，在祖国的千山万水间飞翔，刘胡兰烈士永垂不朽！

刘胡兰的战歌，在亿万人民的心灵里回响，刘胡兰精神万古长存！

刘胡兰的生命，在共和国蒸蒸日盛的事业中，时时散发出灿烂的光芒；刘胡兰的热血，浇灌出美丽鲜艳的花朵，开在几代少年和青年的心中。刘胡兰，以青春的生命和鲜红的热血，在人们心中筑起一座顶天立地、高耸入云的丰碑。日月轮转，千秋万代，人们都将永远铭记这位卓越而年轻的生命，永远颂扬这位卓越而年轻的英雄：

生的伟大，死的光荣！

图书在版编目（CIP）数据

刘胡兰 / 张树军主编；王相坤，李克实编著. --北京：学习出版社，2020.9（2025.6 重印）
（中华先烈人物故事汇）
ISBN 978-7-5147-1003-8

Ⅰ.①刘… Ⅱ.①张… ②王… ③李… Ⅲ.①刘胡兰（1932-1947）—传记 Ⅳ.①K827=6

中国版本图书馆CIP数据核字（2020）第148109号

刘胡兰

LIU HULAN

主编/张树军 副主编/王相坤 编著/王相坤 李克实

责任编辑：宋 飞　　封面绘画：徐玉华
技术编辑：刘 硕　　内文插图：刘胜军
美术编辑：杨 洪

出版发行：学习出版社
北京市东城区崇外大街11号新成文化大厦B座11层（100062）
010-66063020 010-66061634 010-66061646
网 址：http://www.xuexiph.cn
经 销：新华书店
印 刷：河北鹏润印刷有限公司

开 本：787毫米×1092毫米 1/32
印 张：5
字 数：71千字
版次印次：2020年9月第1版 2025年6月第12次印刷

书 号：ISBN 978-7-5147-1003-8
定 价：20.00元